Verbo
en el parque

Juan-José Reyes Ríos

Dedico esta obra a mi esposa.

SINOPSIS

"Verbo en el parque" es una novela corta, innovadora y plena de mordacidad. *Su principal protagonista (un hombre casado y con sobrepeso) lee cada tarde capítulos de* Melmoth el Errabundo *(obra de Ch. R. Maturin) y los va glosando mediante su ingenio. Tras las glosas, y ya con sus atuendos deportivos, vase con su esposa a un parque próximo, donde realizarán ejercicios atléticos. Durante esos ejercicios, él oirá frases de personas que, ocupando bancos o sillas, charlan. Y esas frases serán el estímulo para ir componiendo discursos y relatos de plena actualidad.*

ÍNDICE

(1)

Momento previo al ejercicio atlético

y primera salida.

Sumido en profunda abstracción recorrió su mente un tropel de visiones

aterradoras, vinculadas al más allá. La tarde era soleada, aunque Dimas,

arrellanado en el sillón, frente al apagado televisor, se hallaba ahora sereno,

con los ojos clavados en la lámpara que ahora iluminaba el vasto salón.

Había comenzado a leer Melmoth el Errabundo[1], *y a punto estuvo de cruzar*

el umbral que separa la luz de las tinieblas. "Un errante -se dijo- sólo puede

errar por las orillas de la vida. Voy leyendo por la página 51, y a este John

Melmoth, estudiante que asiste a su tío moribundo, le va a cambiar la vida.

En un palacio, con la vieja ama de llaves y demás servidores, se le abre un

mundo alucinante: reliquias, pliegues de un pasado que baila con horror a

sus ojos y retratos de familia que parecen insinuarle desde la distancia

insalvable. Yo no sé, pero el prodigio está al acecho".

---

[1] Espléndida novela romántica de Ch. R. Maturin, con Prólogo de André Bretón, editada por Ediciones Siruela.

Comoquiera que se acercaba la hora (ocho de la tarde de un mes de mayo) en que debía poner freno a su sobrepeso (y demás problemas de salud), se puso un pantalón corto de gimnasia, se calzó las zapatillas deportivas y recogió en el bolsillo de su camiseta varias servilletas de papel (se proveyeron de tantas que no necesitaron comprar pañuelos de papel), perfectamente dobladas, las cuales, durante el ejercicio físico, le servirían para secarse las gruesas gotas de sudor que bañarían su coronilla, su frente, y resbalarían presurosas por sus mejillas hasta precipitarse al suelo. "Usted debe hacer ejercicios fuera del habitáculo y a la luz del sol", aclaró la médico a Dimas, en la visita de éste al CAP, tras los análisis clínicos.

La tarde era espléndida, cielo azul, pocas nubes blancas y una ligera brisa proveniente del cercano mar. Dimas se acercó a Helena, su esposa, que también se hallaba dispuesta para el inminente ejercicio físico. Se había puesto unas irisadas bermudas y su camiseta era rosácea.

-¡Ya estoy lista! -exclamó Helena.

-Pues... ¡andando!

Salieron a la calle. El parque, con un amplio estanque en su centro, se hallaba cerca. Bancos y sillas aparecían dispersos, todos ellos ocupados por parejas y ancianos. Los carriles para bicicleta, pintados en su perímetro, bordeaban con álamos blancos y, tras los álamos blancos, aún había un espacio libre de tres metros alrededor: "la pista". Sin embargo, a Dimas no le atraía el ejercicio (no era un goce de la vida, para él), prefería ponerse a leer cualquier libro, especialmente de terror u horror. Correr o practicar la marcha atlética era tremendo sufrimiento. Correr, debido a su sobrepeso, no podría, salvo a cortos trechos, pues el cansancio le fatigaría. Después de correr un trecho, sin duda, caminaría deprisa.

-Son las ocho y diez. Comienzo a correr -le expresó Helena.

-No esperes que con mis sesenta y un años pueda acercarme a ti, con tus cincuenta y uno.

-Tómatelo con calma. No corras más de lo debido. El andar te sentará bien y rebajarás peso -añadió ella.

Cuando Dimas empezó a correr, Helena le llevaba un buen trecho. Todo era apacible. Levantó la vista y miró al frente. Un hombre llevaba de la correa a un perro que de repente se alzó, y Dimas tuvo que sortearlo.

-¿Y sabes lo que le pasó en la isla? -oyó Dimas, al pasar cerca de un banco donde se hallaban dos ancianas.

[¡Vaya! -se dijo Dimas-. Me hubiera gustado oírlo, mas no debo detener mi paso. ¿Se trata de un romance entre ella y él? ¿O, quizá, de un percance en un balandro? No, veamos. La intuición me llevará al salto. En la cima de la isla hay un templo, el templo lo habita una diosa singular: quien espere la respuesta de la diosa a su problema debe expresarse en verso. Si la expresión la deleita, de ella sólo se verá una nube; si la expresión es tan elevada que la emociona, se mostrará cual espectro; pero si la expresión es sublime y la conmociona, se presentará en carne y hueso.

Un pescador de la isla ha decidido realizar la prueba; quiere verla para así poder mirar con nuevos ojos el mundo que le rodea. En su mente es el hado quien lo guía. Una vez a la puerta del templo, se arrodilla y recoge con su diestra polvo del suelo que de inmediato se traga. Es la hora del poso, de dejar asentarse lo turbio y desigual. Ya se prepara para declamar los versos que seguirán el infinito curso del cielo.

En el vasto cielo

el eterno sueño

encuentra cobijo.

Una hermosísima dama relampaguea,

mostrando la claridad en las tinieblas.

Yo espero sin reticencias

que su majestad abra mis ojos

sin que tiemble mi convicción.

Y he aquí que la diosa aparece sin arrogancia, vestida con blanca túnica, embelleciendo con su figura el lugar.

-¡Levántate, joven gallardo! Tus ojos, desde este instante, verán luces que jamás podrán ver el resto de los mortales. Estarás por encima de la piedra y del hielo y tu fuste será superior al de los héroes.

Y dicho esto, desapareció. El joven pescador anduvo absorto, recapacitando sobre lo dicho por la diosa. Ahora tendía su mirada al universo y se sentía fundido con sones lejanos, con las flores, con el polvo y el silencio].

-*Ya te rebaso; una vuelta te llevo. Debes espabilar. ¡Y deja de fraguar ficciones!, que te conozco* -exhortó la animosa Helena, al pasar junto a Dimas.

"*Arrastraré con lo podrido e inmundo que soy yo -dijo a sus adentros-. Visto desde otra galaxia, quizá mi esencia no tenga proyección. En fin, que no debo rendirme ni responder a sus femeniles pullas*".

-*La vida del pueblo va mejorando cada año* -oyó Dimas, acto seguido, de un anciano que charlaba con otro, ambos sentados en un banco.

[¿La vida del pueblo? Querrá decir de la clase humilde, puesto que nos hallamos en una metrópoli. El pobre, verdaderamente, siempre lo será, a menos que le socorran los dioses, y ellos sólo medran en las alturas donde el alma humana apenas tiene cobijo. Las masas reformistas jamás han conseguido sus propósitos; al final, todo vuelve al caudal primitivo, al lodazal donde el mísero chapotea sin desmayo. Por cierto, se dice del humilde que es persona sin relieve. Y yo me pregunto: ¿cuál es el relieve del déspota, del corrupto, del depravado, del protervo... del endiosado? Uno sueña con que la sociedad mejore, cambien sus estructuras, se hagan más suaves y diligentes. Que el estruendo social no baje de la tribuna, que las espectaculares y anómalas desviaciones sean atadas firmemente. El pueblo llano merece otros escenarios, menos sobresaltos, menos crisis, menos recesiones, menos inmovilismo. Sólo los hombres de grandes ideales -no los políticos de hoy- son capaces de conducir la sociedad con decisión, responsabilidad y, sobre todo, con justicia social. Uno no es político por el mero hecho de haber salido en una lista de partido y haber sido electo. Se es político, gracias al escenario que se aporta, a una predisposición de beneficiar a los humildes -gente sin relieve-. *"¡Muchacho, eres candidato a la elección! Esperamos de ti, más que suspiros"*].

-Te llevo dos vueltas. ¿A qué esperas para aventajarme? ¿Qué bastiones pretendes conquistar con tu incesante verbo? Es hora de la puesta en escena, de levantar el telón -instigó Helena, gritando a medida que se alejaba de Dimas.

"¡Cómo arremete contra mí! Helena, la de voz martillante, la resoluta, la que pinta pájaros y flores al estilo tradicional chino, la que se aparta de lo caótico, la que se prueba distintos vestidos antes de salir de casa... la que siempre tiene fuerzas en reserva".

-El trueno retumbaba en aquella montaña -manifestó la hermosa joven a su pareja, que había dejado a un lado la guitarra.

[Sería una noche aparatosa. Tanto aparato eléctrico, antes de la tempestad, produce escalofríos y llama al frío glacial. No lo sé. Pero imaginaos una aldea del norte de Japón. Los blancos copos de nieve bamboleándose antes de tocar el suelo. Los árboles, ya blancuzcos, soportando la pesada carga de nieve. Ni pájaros ni aves alrededor. Frío en los ojos y deseos de embriaguez. Todos saben que el abusar de la bebida alcohólica es perjudicial a la salud. Pero el cielo era un manuscrito compuesto por poderosa e invisible mano: la mano de la Naturaleza, la mano que imponía su paisaje y antigüedad, la mano prodigiosa que escribía sin inmutarse, reconociendo la curvatura, explayándose en una transmisión apenas concebible por el hombre, mostrando ramas desnudas del flujo luminoso. Una vez, vi un paisaje que me conmovió, fue tras un chaparrón. Era un precioso valle. Un espléndido sol iluminaba las casas de la aldea. *"Aquí -me dije- el corazón se agranda, la hermandad se hace duradera, y se agradece la escasez de cortejos. Uno contempla la floración extasiado, sin desmanes alrededor. Nadie inspira sospechas, ni se echa de menos la sonoridad discotequera. Lejos de la contaminación ambiental, uno respira profundamente, rechaza toda concepción pesimista del mundo, y recobra el espíritu de la niñez. No hay como estar rebosante de energía"].*

-Ya son tres vueltas las que te llevo. Estoy fatigada. Es hora de que regresemos a nuestro nido. El crepúsculo nos impone su condición, se encienden las luces de las farolas, los ancianos se retiran del parque. Quizá en él se despliegue una coyuntura crítica -argumentó Helena.

-Sí, ya es hora. Es hora de coexistir en armonía, de definir los esfuerzos mancomunados, de atender al gobierno preclaro... de escuchar una música que se adentre en nuestras entrañas y agite nuestra interioridad.

(2)

Momento previo al ejercicio atlético

y segunda salida.

La visión de la figura fugaz de Jno. Melmoth, anno 1646, estaba corroyendo por dentro a Dimas. Tanto los móviles ojos del retrato como la sombra de la figura que se desvanecía de súbito, causaban mella en él. "¡No puede ser! -exclamó, apartando el libro-. No es posible que haya vivido 150 años y se mantenga en su madurez. Y qué busca, ¿proteger o velar a sus descendientes?". Quien haya leído libros de terror o de terror gótico sabe de estos seres sobrenaturales que se mofan del orden mundano, de las leyes que condicionan a la humanidad, de la filosofía que se desprende del más insoportable sufrimiento. El demonio -personaje del infierno interior- orilla por nuestro mundo visible, gesticula y nos atrae con zalamerías, pero en el fulgor de sus ojos adivinamos su perversidad, alterando conciencias, lenguas y mundos de pensamiento.

-No sé cómo puede deleitarte tanta negrura -expresó Helena.

-Porque es una negrura elevada, alumbrada por la imaginación -replicó Dimas.

-¡Anda, ponte la ropa de ejercicio atlético! -exclamó Helena.

-Ahora mismo.

Aquella era una tarde de colores nítidos. El asfalto, las hojas de los árboles, el colorido de las vestimentas, todo ello se veía con una claridad, con una luminosidad desacostumbrada. Cerca del estanque, un grupo de niños jugaba, sentado en el suelo. Más allá dos mozos y una moza practicaban taichi. Todos los bancos y sillas estaban ocupados; un globo aerostático cruzaba el cielo con lentitud.

-Espero que hoy me aventajes -expresó Helena iniciando la carrera.

-No sé; los músculos, la uña del pulgar izquierdo... mi agonía crepuscular.

Dimas comenzó a caminar deprisa. Este hombre que vivía fuera del orbe (si bien en su interior transitaba un abismo de tinieblas), levantaba la cabeza y sacaba el pecho. Ni lo más sibilino lo contrariaba.

-Hizo pedazos la carta -le dijo un anciano a otro, ambos sentados en un banco próximo a la pista (pues así la consideraban nuestros protagonistas) de atletismo. Eso pudo captar Dimas, mientras andaba con cierto orden y compás.

[¡Menuda visión!: pedacitos de papel escrito pidiendo auxilio, sin ganarse el corazón de nadie. Sin duda, era una misiva de renuncia, un signo de compromiso roto.

-No importa lo que digas ahora; has sido deshonesto. Te respondo con un lenguaje explícito. Creí en ti, en tu amor, en tu entrega, y me fallaste. Dijiste, una vez: "Antes morir que rendirse", y, a continuación, te entregaste carnalmente a otra. Ya no sé con qué intención viniste a mí; dudo de todo y nada me reconforta. Esa perspectiva sombría que has alojado en mi vida no tiene parangón. Así las cosas, rompo mi promesa y, en un abrir y cerrar de ojos, desaparezco de tu mundo.

¡Así se hace! A mi parecer, la carta en sí es como un dardo arrojado a ojos impropios. Una salida decente y apabullante. A una conducta desleal, infiel, escandalosa, mejor una carta que despida, en el sereno instante, inesperados fuegos artificiales. ¡Que aprenda él! Pero hay, por el contrario, cartas tiernas, suaves, cartas que no producen jaqueca al lector, cartas que te cogen con la vigilancia aflojada, distraído. Incluso hay cartas que vienen a parar a tus manos sin ninguna explicación (del por qué vinieron a parar a tus manos). Los que escriben cartas, si éstas no son de urgencia, son tímidos, personas siempre instalas en el sosiego. El itinerario de una carta es a veces desconcertante].

-*¿La que va delante es su mujer?* -*le preguntó a Dimas un anciano desde el banco donde se hallaba sentado.*

-*Sí.*

-*Pues le lleva a usted cierta ventaja* -*agregó el anciano.*

-*Ciertamente. Pero ella es más joven, más vigorosa y ágil que yo.*

"Helena: la luz que resplandece en mi cielo y en mi tierra, arrimo para el comedor de cacahuetes, mujer de imaginación ágil y de pullas coloristas que

repercuten en la bóveda celeste. Ella toma la iniciativa y, de sopetón, aplica la acupuntura *al malevolente. ¿Él, curará de su mala voluntad? Nadie lo sabe".*

-*¿No te estarás durmiendo? Primera vuelta de ventaja. Deja a un lado tus iluminantes fuegos artificiales -manifestó Helena, mientras se alejaba de Dimas.*

"¿Cómo sabe ella que he pensado en fuegos artificiales? Me duelen los pies, jadeo, miro al frente y casi me desmayo. He de perder peso, lo sé. Mas ella, sin agitación, va oscureciendo poco a poco mis ansias, dejándome triste y solitario. Mi sonrisa ya es amarga, símbolo trágico de un ser que quiere y no puede. Ahora, la vasta extensión de mar y cielo cabe en uno de mis atormentados e irrelevantes átomos".

-*Lo sé, y todavía anda con un par de zapatos viejos -oyó Dimas de la señora vestida de azul que dialogaba con otra.*

[¡Vaya! Esto me suena a crisis, a recesión. Sé que volverán las sandalias de paja, que el vivir se convertirá en un morir pausado, que la oferta de trabajo se mostrará de perfil, para no completar una figura radiante. Estímulos, sí; necesitamos poderosos estímulos, cascadas de honradez, alargadas fuentes de equidad, focos perdurables de justicia. Él anda con un par de zapatos viejos. Seguro que, de vez en cuando, se los mira, ilustrando la desvencijada estampa de su persona. ¡Sólo faltaría que chapoteara en el barro! El llevar zapatos viejos no es ninguna humillación, muy al contrario, es una honrada predisposición. Todo es cuestión de dinero, de comparsa, de teatro. La vida es sueño, y el soñar con unos zapatos viejos es admirable. ¿Por qué han de ser nuevos y lustrados? Esos (los nuevos y lustrados) son zapatos de cuello alto, orgullosos de su papel en la vida contemporánea. Son zapatos orgullosos de su repiqueteo, de su rítmico paso, convencidos de la fugacidad del tiempo. Si a un zapato de esos se le pone una insignia distintiva, entonces... Lo vi una vez, y, acercándome a él, le dije: *"Existe brutal diferencia entre el universo interior y este que distinguen los ojos"*. Y él, sin tomarse un respiro, contestó: *"El peso de una paja, los brazos de un jarra, una simple aceituna, el pez que mira a la luna... en el universo, desde su origen, todo es producto del error"*].

-Ya te llevo dos vueltas de ventaja. ¿Dónde tu coraje? -interpeló Helena a su esposo.

"Me considero inferior. Odio -como dijo aquél- estar en un cuerpo. Las fuerzas me fallan, las zapatillas de deporte me destrozan los dedos, y respiro un no sé qué de frío marero. Ella tiene razón, estoy descompuesto y no puedo alcanzarla; este cuerpo me lo impide. Por muchos esfuerzos que haga, no recortaré la distancia que nos separa. Hoy, ignoro el porqué, oigo un trombón colocado detrás de mí y que sigue mi itinerario. Su música no es música para perderse en un laberinto de lucidez. Al escucharla, resuenan aún más mis dolientes huesos. En mí no hay méritos, sólo defectos. ¡Y ella se

esfuerza en que salgan de mi firmamento estrellas fugaces que cambien el actual discurrir de mi vida! Aunque vaya contracorriente, jamás me apuntaré a una carrera de fondo. Los convencionalismos me hielan, la rutina me convierte en garabato, la ordinariez me confina en negra gruta, y los endiosados... Bueno, los endiosados son cual cometa bebido, fusión de imán y humor barato".

-Él supo cómo intercalar un episodio de la vida en el sueño -oyó Dimas de un anciano que comentaba a otro.

[¿A quién se referirá? Será sin duda un escritor, un escritor de ficción famoso por sus relatos oníricos. Es decir: irse al ensueño llevándole un contexto de vigilia, de vivencia ordinaria. Si bien son entornos, dominios diferentes, están en conexión. Pero los sueños a veces son hoscos, huraños, no admiten destellos forasteros. El vivir en un sueño, es otro cantar. Cada cual vive como desea, a su antojo. Algunos, saboreando el momento, llenándose de refrigerio, meditando acerca de los lirios del valle real; otros pensando en las telas finas de seda, en escamas y caparazones. Los hay que se pasan la vida volando, detectando grietas, hendiduras por donde se escapa el caudal. Muy pocos, se enroscan indignados, reconvienen, increpan, interpelan, exigen; son en realidad maestros de la realidad sin desapego. Un nexo entre sueño y vida es deseable; el viaje en el sueño no grava, está por encima de los intereses creados. Uno no concibe cómo las pasajes del sueño no quedan frescos en la memoria, para que se puedan recuperar en la vigilia. Hay hermosísimos pasajes oníricos, escenas voluptuosas imposibles de captar en la vigilia. Quizá, dentro del sueño, se pudiera escribir un libro, cuyo texto se recordara en la vigila. Dormir, para escribir un libreto, una balada, un relato de horror, para captar la electricidad que envuelve al sueño. La vida se lleva mejor con sueños. Soñar despierto es recomendable; el cerebro lo agradecerá].

-Final de carrera, pero sin meta. Es hora de que regresemos a casa. La oscuridad comienza a rivalizar con nuestras ansias -observó Helena.

(3)

Momento previo al ejercicio atlético

y tercera salida.

Entre el retrato de familia de Jno. Melmoth, anno 1646, y el viejo manuscrito hallados por el estudiante (joven miembro de la familia Melmoth) en el cuarto de los trastos, a Dimas se le dilataron las pupilas de su ojo interior. Ya sentía, incluso antes de empezar a leerlo, cómo le amenazaba la oscuridad, cómo alumbraba un caos desde su interior. Presentía el horror de un sufrimiento perpetuo, la angustia que provoca un inesperado destello de maldad, el desafío descomunal a no perderse en el olvido. El corazón ahora se preparaba para darle un vuelco. Leía con una sensación de vértigo.

-Severo amante del terror, sujeto venerador de oscuras peripecias, ángel de la negrura: ¡estoy preparada! -expresó Helena, ya ataviada para el ejercicio atlético.

-Dame tres minutos y estaré listo.

El parque se hallaba concurrido. Unos paseaban a sus perros, otros azotaban peonzas, los ciclistas circulaban con seguridad, y junto al estanque pudo ver un niño con un tirachinas (artilugio para lanzar piedras, formado por un marco de madera en forma de "Y", dos ligas gruesas y una badana donde se sitúa la piedra). "¿Qué haría ese niño? Por cierto: ¿cuándo se inventó el tirachinas? ¿Lo conocían los seres prehistóricos? -se preguntó

Dimas.

-Es una tarde primorosa. Nubes blancas en el cielo, copas de árboles

floridos, ninguna hojarasca atolondrándonos. En siete minutos te abré

superado -argumentó Helena, alejándose presurosa de Dimas.

"Ella cada día más fuerte. Si supiera la falsa disciplina que me aplico...

No, debo adelgazar. Oigo como un tintineo de campanillas que me urgen,

que me asedian, que perversamente me instan a que recupere el peso

perdido. Los pies me recomiendan tranquilidad, evadirme del ajetreo, del

alboroto, de las pisadas de elevado coste auroral. Ignoro por qué no doy

media vuelta y tomo asiento en uno de esos bancos, al socaire de los

calambres, entonando cualquier canción conocida, declamando versos que

inauguren un romántico realismo o un realismo romántico. Por cierto, el

dinero lo subvierte todo, sobre todo lo moral".

-La mar que se parte, arroyos se hace [2] *-declaró una anciana a otra, al*

tiempo que pasaba Dimas cerca de ellas.

[Lo crematístico no podía faltar. Cuando se habla del dinero todo se

levanta: la voz, el pensamiento... las orejas. Es como un dominio al que

miramos con veneración y, a la vez, con recelo. Se abre un extenso debate, se

procura llegar a un acuerdo sin arañar; a la familia unida o desperdigada

---

[2]   Refrán que alude al hecho de repartir el patrimonio entre muchos herederos.

incumbe tratar este asunto. Bajo la severa decisión, ninguna música o melodía vale, se busca el general arreglo, un interés que marque la línea de flotación. Se bucea, se le toma el pulso a lo fluctuante, se aclimatan los intereses personales. Lo vital es el montante económico, el total a repartir. Se hace indispensable romper cualquier bloqueo económico, cualquier intención insana. ¿Cómo podría uno vivir sin la sonoridad del dinero? El billete, si se agita, también suena. El dinero marca una clara frontera en el vivir cotidiano. En él se halla el corazón de nuestros devaneos. Nadie resiste el embate del dinero. Hay un acumulado que no se debe olvidar de un día a otro. Una vez, el dios del trueno me declaró: *"Piensa en el dinero como si de una fortaleza se tratara. Rechaza cualquier invasión. Pon tu corazón en su cultivo, mas no como un avaro, sino como un verdadero inspirador: siembra y recoge presuroso la cosecha; no sea que alguien de por ahí te exija réditos jamás considerados en su movimiento, en la estela que deja su curso, en sus crecidas que asombran al ojo taciturno"*. ¡Vaya, como sopla ahora el viento! A orillas del mar se oye un rumor semejante a... Pero, no. Dejemos a la mar a sus anchas, con su oleaje impetuoso, con su gloriosa majestad. Sus embates nunca tienen sabor local].

-Esta ha sido mi vuelta más rápida. Mientras me acerco a ti te siento dormitando, espantando moscas con la diestra, aislándote ante incierta tempestad -manifestó Helena, al pasar veloz junto a Dimas.

-Lo compré porque me fascinó aquella portada del libro -expresó la joven a su femenil acompañante, cosa que pudo captar Dimas mientras pasaba.

[Desde luego que hay portadas asombrosas, portadas que quitan el hipo, portadas que te dejan boquiabierto. Sin embargo, portada y contenido deben estar en íntima conexión. Imaginad una portada soberbia de libro y un bodrio de contenido. ¡No puede ser! Había una vez una portada que se descolgó del libro. Ella declaraba que jamás se uniría a voces soeces, a lenguajes inmundos, a la dominante vulgaridad y que no se postraría ante nadie. Esa portada, de sexo indefinido, se fue a un jardín a la orilla de un lago. Y allí, sintiéndose feliz (había espantado las tinieblas) sembró imágenes que atizaban la visión del hombre. *"Un libro -decía- no puede llevar un traje remendado, ni hallarse en un aprieto, ni causar desazón, ni mostrar un lenguaje irrespetuoso"*. Y tenía razón. Yo -¡sépanlo ya!- me enamoré perdidamente de esa portada, la seguía a cierta distancia por la orilla del lago. En mis adentros, y contrariamente al pensar del vulgo, ella libraba un combate heroico. Un día fatídico, la portada se ahogó al nadar hacia un cisne negro. Y el cisne, acto sutil, la tomó por el pico y la depositó en la orilla junto al brioso junco.

-Es nuestra reina de las hadas -expresó el junco al cisne.

-Será nuestra diosa del lago, la que escardó lo viejo para impulsar lo nuevo -repuso el cisne].

-Segunda ventaja. Te dejo atrás y te resignas. No sé qué hacer contigo - declaró Helena.

-Pues no hagas nada -replicó Dimas, alargando la última sílaba de la expresión.

-A mi hijo le asustan las películas de vampiros -dijo una madre a otra, ambas sentadas en un banco próximo a la pista; expresión que pudo oír Dimas mientras corría.

[¡Vade retro, Satanás! ¡Recula, ser de la oscuridad! Los vampiros, quiéranlo o no, han ensanchado nuestro punto de vista acerca de la sociedad. Lo único que desearía es que surgiera uno de humor endiablado, capaz de hacer trizas nuestros malsanos hábitos. Porque un vampiro es análogo a una brújula: ésta siempre marca el norte (que vendría a ser algo así como valorar la derechura de la sociedad) y aquél, la sangre humana (que sería el quid del sustento). Amo a los vampiros, son gente sana, nocherniegos, trasnochadores, noctívagos de pura cepa; son tan humildes que, si les disparas una bala de plata (considero su valor), se mueren. Un vampiro es el idéntico a ti, pero en el antimundo. Rehuyen los espejos (abominan de su imagen; por tanto, no son narcisistas) y el fuego (el cual quema e incendia). Imaginad que me topo con uno de ellos en una noche de plenilunio. Él se me acerca silencioso (o suspendido en el aire viene a mí) y muy amable me pregunta la hora, fijándose poderosamente en mi cuello. Yo sé que es mi yugular lo que le atrae, bien. "¡Un momento!", le digo. "Acabas de ver la luna, no cotizas en el mercado, ni pagas impuestos como los mortales, no necesitas suntuosas viviendas y jamás te perseguirá el fisco. Tu vuelo -permítemelo decir- me resulta cómico, y considerando tu innombrable medrar, deberías cambiar de profesión. ¡No, tranquilo! Me das miedo, pero prefiero sonreírte, como animal dañino que eres (ojo: yo también soy animal), siempre deambulando por la oscuridad. Si te palpara sentiría un frío glacial. No lo haré. La noche es serena, una suave brisa sopla en nuestros desencajados rostros. Veo el tuyo así, desencajado. ¡Paciencia, que la noche es larga! Verdaderamente, no quería salir a pasear esta noche, pero el cuchitril es pequeño; además soy un ser insomne. Pensándolo bien, te diré que son tan animalescos tus instintos (propios de alimañas), tan infantiles tus gustos, tan ingeniosa tu conversión en murciélago que debo afear tu condición. Mas... ¿por qué en murciélago y no en libélula? En tu caso hubiese preferido convertirme en libélula y volar a ras de agua. ¿Has visto atentamente una cabeza de libélula? No sólo es llamativa, es poderosa, subyugante, y tengo entendido que se burla de los espejos deformantes. No quiero con mi discurso desviar tu atención, que la tienes puesta en mi cuello; pero sé que amas el ingenio, la perspicacia, la audacia que realiza cabriolas porque sí. Esta noche no debes llevarme la contraria porque he preparado lúcidamente el discurso; he revisado antiguos, mejor arcaicos, manuscritos que hablan de una hueste de muertos vivientes, de criaturas que vuelan de noche en busca de un pasado sin músicas.

Pregunto: ¿por qué nunca se oye música en vuestros relatos, en vuestros sanguinolentos episodios, en vuestras hazañas vampíricas, en vuestros cutres castillos, en vuestros secuestros de damiselas, previamente obnubiladas. ¡No me contestes! Vuestro imperio reside en la noche, lo sé. Pero da la casualidad que te has topado conmigo y que llevo sujeta al cinto una pistola que proyecta agua bendita y, al chorrear, produce un resplandor cegador. Vosotros no podéis soportar el agua bendita, ¿verdad?].

-*¿Qué estarás hilvanando? -inquirió Helena-. ¡Cuidado con el árbol!* gritó *seguidamente, dejándome atrás.*

"¿Hilvanando? Si no me avisa me doy contra ese árbol. Parece que, en vez de avanzar, yerro. Por cierto: hoy se juega un partido de selección y no sé si verlo. Lo transmiten por televisión, gratis. El fútbol no es para mí una medicina, ni siquiera un sendero de información oficiosa. Prefiero ascender una montaña o trepar a elevados puestos de observación psico-económica. Los secretos, el espiar sin disimulo, los agentes dobles, las mascaradas, todo ello revelan actitudes que desconciertan al vistoso plumaje del pavo real. Debería haber menos secretismo, y anunciar, sin ambages, las campañas en que se espiará a la población. Uno, en tal caso, puede enmudecer, no comunicarse, aislarse del mundo real y virtual, o marcar faroles por doquier. Lo de marcar faroles lo digo con displicencia, porque, mientras averiguan,

pueden hacerte la vida imposible. Lo esencial es ser volandero, no asirse a nada fijo, ser ambiguo en las contestaciones y siempre tener en la mente el interés del pueblo llano, me refiero al pueblo inocuo".

-Así como los ríos van a parar al mar, él caló la vanidad del mundo - razonó una anciana a otra, ambas sentadas en un banco.

[Cierto: vanidad de vanidades, todo es vanidad. Cuando se enfría una sandía en agua fría, ¿no apreciamos su vanidad? La lagartija que ha perdido la cola, ¿no la observamos como desembarazada de vanidad? La vanidad es preciso dejarla en las aduanas de la enseñanza, puesto que no es un eslabón fundamental de la vida. Es más: abría que amontonarla, si persiste, en un cuarto oscuro, recreándose a sí misma, sin amagos, sin fintas, buscando su más íntima y prepotente vibración. Una vez -pero dejemos de parlotear y vayamos a hacer algo en serio- me topé con una vanidad que farfullaba. La espeté:

-Se escucha más tu farfolla que el chirriar de pájaros.

-Una no puede ser fulminada por un rayo, ni por criterios que andan al borde de la locura. Piensa que obtuve licencia para ser lo que soy, para explayarme a cualquier ritmo y en cualquier orilla. La llama me hace fuerte y no hay bastiones que con mi arrogancia no pueda conquistar. Todo mi ser se halla cubierto de hiedra trepadora que media en los asuntos y se dispara sin desmayo hacia la cúspide piramidal. Un planeta sin vanagloria no es nada, mero polvo, humo... nada. El noble espíritu de cualquier nación está arrogado de vanidad. Sin vanagloria, los días pasarían vegetando, sin estímulo, sumidos en sueño letárgico. Es la vanagloria quien nos despierta, la que alza y abanica con su cola, la que espabila al espíritu, la que cambia ese estado de inconsciencia. Vivir, sentir el vértigo de la vida es asunto de la vanidad].

-Irrumpe la noche -expresó Helena, acercándose lentamente a Dimas.

-Y nos envuelve con su suave y negro manto.

-Es hora de retirarse, de tejer una nueva envoltura para pasar la noche -observó Helena.

4

Momento previo al ejercicio atlético

y cuarta salida.

"Ese tal Stanton, hombre inteligente y erudito, viajero que se movió entre conventos, por España, siempre buscando "hospitalidad", y autor del Manuscrito, me tiene dubitativo. Yo sé que él sospechaba algo de ese ser cuyos hechos atribuidos son de crasa malignidad. Pienso que adivinaba lo demoníaco, lo preternatural que había en él. Lo confirman toda la recopilación de sus hechos insólitos. ¿Acaso su nefasta presencia mató al padre Olavida (hecho motivado, quizá, por venganza, tras la fiera exhortación del monje, al ser considerado el inglés un hereje entre aquellos católicos valencianos? Ese ser perverso, espectador de la lucha de la luz con las tinieblas, cuya risa se expande en el tiempo, que no cede ante nada y siempre se muestra impasible... ¿qué pacto con Satanás habrá acordado? Stanton, sigue sus huellas por dondequiera que pasó. Lo tiene perfilado. ¿Asume que a él le podría ocurrir una desgracia? Porque el tal Jno. Melmoth, anno 1646, sigue vivo: es Melmoth el Errabundo".

"En la vida, individuos sin escrúpulos, cometen atrocidades. No estoy seguro que deba depender más de la educación que de la estructura helicoidal de los cromosomas. No sé. Por ahora, quisiera contentarme con el

espíritu del niño que abre ojos y mente, descubriendo el entorno. ¿Qué nos rodea y cómo nos rodea? ¿Qué debe concurrir en la soberana representación de la sociedad humana? ¿Qué luz debe iluminar y guiar los pasos del niño? ¿Qué claridad, sin subterfugios ni imposturas, debe reinar en cada uno de los días vividos? ¿Qué representan la corrupción, el soborno, la extorsión, la tortura y el crimen?".

-Es hora de estirar los músculos, de hacerse criatura del parque, de flotar sin memoria ni compromiso, por un rato -argumentó Helena..

-Dame tres minutos.

En el parque había patinadores, ciclistas, niños corriendo, jilgueros en los álamos y cotorras en los cipreses. Un grupo de gimnastas blandían sables de madera.

"Este parque va tomando aliento. Su espíritu va meciéndose al viento. La sustancia gris se explaya desde el centro a sus riberas. Es como si tras un relámpago se hubiese iniciado un poema sinfónico, una variedad de esfuerzos, como una proyección de mundos de ensueño".

-Te dejo con tus ensueños; comienzo mi carrera -expresó Helena, alejándose por la pista.

"¿Ensueños? La vida es sueño (tanto si estás despierto como durmiendo). Todo se desvanece o cambia en el tiempo. Existe una música que atraviesa las galaxias, que restituye la proba condición del hombre, una música que

penetra en el devenir transitorio y lo altera. Ella realiza largos viajes, manteniendo un diálogo cósmico-musical, como lo mantiene el frío y el calor en el universo. Pensándolo bien, es como si retumbaran gozosos los cielos, como si se elucidará la comodidad material del cosmos. Pobreza y riqueza sometiéndose a un análisis exhaustivo, la esencia de todo lo visible clavando su mirada en las cenizas de incienso. Todo se esparce sin cotización, sin correspondencias crematísticas, cual un venero nutriente que cruzara transparente la larga marcha de la realidad. No sé, pero la belleza y el brillo del mundo serían otros, otras las negociaciones que desembocan en la miseria, otro el matiz de la consagración al servicio público".

-Mi abuelo tejía cestas de mimbre -expresó una joven a otra, al tiempo que pasaba muy cerca de ellas Dimas.

[Seguramente un una aldea, tan vieja como el acento local, tan genuina que hasta los árboles frutales llevan su esencia, su perfume, su azar. Hay que tejer cestos de mimbre y ensanchar los límites del porvenir, desde ahora, desde el pensamiento que enlaza, entrecruza y da forma atractiva. Imaginad un teatro contemporáneo (explorador, mordaz, conversivo del 'ideal' en 'realidad'). El cesto de mimbre es el teatro del mundo, modernista, establecedor del sitio, de las ligaduras... de los vastos nexos que configuran la unidad universal. Todo debe revelarse con su prestancia, con una actitud desenmascarada, con un solo rango, con una sola voluntad de unificación. En los cestos de mimbre se descubre una manifestación popular, libre de paja y polvo. Son un icono, un referente del respaldo de pueblo llano al quehacer indubitable, al vivir y deja vivir, sin apremios venideros. En el cesto de mimbre hay una poesía por descubrir, un bello sentimiento escondido, una atenuación de la crisis que afecta a un país. Sólo levantando cestos de mimbre se puede espantar la demagogia. Entre la degeneración y los cestos de mimbre, no existe vínculo alguno. Ser es más que mostrarse, mucho más que hacerse visible, más que hacer alarde de ostentación e influencias. Ser es abrigar la inevitable unidad, participar de la causa primera. Sobran las palabras ociosas, la charlatanería, el nefasto impulso tan falso como aleccionador].

-*¿En qué misterios te habrás introducido? La vida es sencilla, como los ratos libres -argumentó Helena, al pasar junto a Dimas.*

"¿Para quién es la vida sencilla? En ella surgen algunos chispazos de felicidad y ningún heraldo del más allá nos trae noticias o nos inquieta con el análisis cáustico de nuestra realidad. Si hay vanguardias estarán desmoralizadas, caóticas, presas del mudable caballero don dinero. Vivir así, es fallecer, descender a niveles en los que el Infierno sería más grato. ¿Misterios? La vida es un intrincado misterio. Descienden los dioses al mundo, pero... ¿cuándo el mundo ascenderá al único estrato de igualdad eterna? Debiera hacer mutis. Mis palabras, ¿a quién adormilarán? Sabed que tan solo son palabras, palabras nacidas en soledad, lejos del mundanal

ruido, palabras que traspasan un ventanal que se abre a la estrechez de nuestro orbe".

-Siempre se toma el analfabetismo como retraso de un país -expuso un anciano a otro, ambos de pie a la vera de un álamo blanco.

[El alfabeto marca la historia de la humanidad. Es, sin duda, la conquista más importante, la más necesaria, la que nos eleva por encima de todo ser que habite la Tierra. En esa conquista participó el entendimiento, el genio, el proyecto, la vocación social. Un analfabeto trabaja hasta avanzada la noche, sin desmayo, pero lejos del tragaluz que informa, lejos de las sublimes operaciones que puede realizar el intelecto. Ser pasivo, con un velo en los ojos que le impide penetrar en la verdadera o aparencial condición de todas las cosas. El niño se ha soltado a andar (¡pero deben darse las condiciones humanas y sociales para que también se suba al carro de la cultura!), y pronto sabrá que existe la escritura, una comunicación mediante signos que puede interpretarlo todo, cuyos niveles representan estadios de conocimiento: el más elevado podría explayarse en todo lo existente, en la vasta creación del universo. No permitáis que prospere la dejación, que se limiten los recursos para que el niño no pueda aprender y se desvíe su camino hacía un trabajo infantil absolutamente deleznable.

Yo lo he visto trabajar, sin poder leer las viñetas de un roto tebeo; lo he visto pararse ante el diseño de un letrero, como el que mira sin ver. No, no puede existir (ni debe) edificio social que permita el analfabetismo; y no sólo representa el retraso para un país: nos habla de su verdadera e íntima condición].

-Me alejo de ti en el espacio, aunque en el tiempo mantengamos una remota comunicación -expresó Helena, al pasar veloz junto a Dimas.

-A mi niña, tiene diez años, le gusta jugar al acertijo -declaró una madre a otra, cosa que pudo oír Dimas (en realidad el deseaba oír todo lo que pudiera).

[Le gusta jugar al acertijo. Eso es bueno. Cuando sea mayor, todo se le presentará como un enigma (criptográfico o no), y el haber resuelto acertijos en la niñez, es un primer paso. Más adelante, quizá intente conocer el quid de las víctimas del embaucamiento. Servirá el conocimiento de acertijos, de enigmas, de las figuras que se transmutan, que se transfiguran... y de los tropos. Los acertijos son problemáticos, más llevan asociados un signo invariable. Hay miradas furtivas que penetran en el acertijo, miradas que, sin presunción, localizan el foco de la verdad. Los peores son los glaciales, acertijos que te dejan abandonado en zonas lúgubres. Nuestro mundo (tablero de ajedrez sorprendente) une y desune y no lo tiene resuelto todo. Si el ser social del hombre determina su pensamiento, ¿cómo de la actuación del hombre debe determinarse su ser social? Me refiero al corrupto, al impostor, al perverso, al goliardo, al déspota, al arribista; pero también al hombre bueno, al hombre santo, al hombre sencillo, humilde (sin relieve; otros relieves no los quisiera conocer)].

-*Se nos impone la noche, toda la revolución astral levanta nubes de polvo sideral. Sabes, creo que un poderoso ojo alienígena me escudriña desde el infinito -argumentó Helena, acercándose a Dimas.*

-*Es improbable.*

"¿Para qué? Aunque vaya con atuendo de gimnasia, no va desnuda. Y sólo la belleza de la desnudez puede seducir, en la distancia".

5

Momento previo al ejercicio atlético

y quinta salida.

"Ya en Londres, Stanton coincidió -no por casualidad, pienso yo- con el inglés enigmático, es decir: con Melmoth 'el Errabundo', primero en un teatro y luego en la calle solitaria. Terrible fue el diálogo entre Stanton y el hombre que había visto un instante en Valencia. Horrible fue el vaticinio de éste y sobrecogedoras sus palabras: "Yo nunca abandono a mis amigos en la desgracia". Ciertamente, páginas después, Stanton es introducido por un pariente en un manicomio, sin percatarse de ello. Y en ese manicomio sufrirá lo indecible".

-Sabes que he perdido dos kilogramos. El ejercicio atlético modela mi figura y pronto llegará mi esbeltez -expuso Helena a Dimas, que ya soltaba el libro de marras.

-Dame tres minutos y mi porte seducirá a las jovenzuelas.

Salieron a la calle. La tarde era un poco fría y ventosa. Del mar arreciaba el marero. El parque estaba menos concurrido que otros días, aunque había bancos ocupados por ancianos y algunos niños jugando.

-¿Qué hacemos? -preguntó Dimas a Helena.

-Sin duda, ejercicio físico. Me separo de ti; una larga marcha me llama - dijo Helena, alejándose.

-Mi nieto azota la peonza con convicción -expresó una abuela a otra, ambas sentadas en un banco, expresión que pudo captar Dimas.

[Azotar la peonza, poner en funcionamiento el universo, captar su dinamismo, su plan minucioso, su perfecto arborecer. Siento que la peonza en rotación despierta hondos sentimientos, aconteceres que rayan con la fantasía, gracias que rebosan de alegría al margen de cualquier religiosidad. Cuando gira la peonza es el universo quien gira, y nuestro universo interior que lo aprehende con regocijo. Ahí no hay fintas, engaños, imposturas, nada que anuncie falsedad. Lo falso es producto del hombre enviciado, innoble, el que jura y perjura, el que calienta la silla y se lanza al asalto de una elevada posición, sin importarle un bledo los naipes azotados por el tifón. Él es de otra estirpe, de otro firmamento, y aunque muera una luz, él siempre caminará sobre el arco iris, impasible, dotado de una condición más que humana. Sin embargo, tras su ampuloso discurso, todo se desune y desbarata].

-De la cuna a la tumba. Cuando estemos dentro del ataúd, ya no habrá gimnasia que valga. Si odias estar en un cuerpo, que la mente te remueva - argumentó Helena y rebasando a Dimas, se alejó corriendo.

Dimas no quiso valorar la argumentación de Helena, mas al doblar un ángulo de la pista oyó:

-Ese dechado es el espejo en que nos miramos todos -manifestó un anciano a otro.

[Un dechado, un modelo clásico y espiritual; algo que nos permite alzar el vuelo con alas prestadas, pero nuestro vuelo será original. Quisiera sacudir todos mis prejuicios, arrojarlos a la negrura de donde nacieron, completar argumentos novedosos, y batir con el oleaje de mis audaces pensamientos las rancias rocas del inmovilismo. Las vicisitudes del mundo, las prepotentes fuerzas que lo modifican: el viento las olas, los volcanes, los terremotos, los huracanes... todo es dinamismo, dinamismo terrestre y cósmico; y también se buscan modelos e instrumentos que sirvan para explicar esas fuerzas. Mi pasajero abatimiento tiene que ver con lo espiritual en esta vida mortal. ¿Adaptarse a la corriente del mundo? ¡Ja, ja, ja! ¿Acaso no sabéis quiénes ponen en funcionamiento esa corriente, con qué intención, bajo qué principio? Es necesario baldear la cubierta de nuestro navío y embestir a la podredumbre. Hoy no sé si podré. Mi aliento, mi vis cómica está aletargada, a la espera de un estremecimiento inesperado. Mis gritos furiosos son interiores, desgarradores. Me siento ausente de todo. Libre y frugal es mi existencia. Quizá otro día (permitídmelo) presuma de ingenio].

-Yo no sé quién dijo que ni el más ingenioso puede sacar algo de la nada.

Dos vueltas te llevo de ventaja y espero de ti una victoria -manifestó Helena,

alejándose veloz de su esposo.

"¿Quién lo diría? ¿Un filósofo presocrático, quizá? Yo entiendo la nada

como mi interior y, por ende, sumergiéndome en ese interior puedo extraer

asuntos, motivos jamás tratados por ningún escritor. En el universo interior

se halla la pujanza, las tierras vírgenes, los paisajes nunca descritos, las

galaxias que navegan por un universo dinámico, sembrador de vida y

mutágenos. Dentro de nosotros está lo inmortal e imperecedero, con leyes

que nada tienen que ver con la costumbre o lo convencional. La grandeza de

ánimo, el espíritu intrépido busca dentro, en lo más hondo de nuestra

condición".

-Si, porque más vale ser cabeza de ratón, que cola de león -le dice una

anciana a otra, ambas sentadas en un banco, mientras Dimas pasaba

lentamente y se secaba la frente con una servilleta de papel.

[Lo pondré en verso: *Sí, porque más vale ser/* **cabeza de ratón**/*que cola de*

león. ¿Cuál el móvil de esa expresión? Los ancianos conocen mejor el

refranero, han conocido las guerras, la hambruna, el endiosamiento de

algunos líderes, parafernalias sin igual... En fin: los ancianos colocan cada

cosa en su sitio, el pan con el hambre, el endiosado con el mórbido

entusiasmo, el corrupto con la lenidad social. Ellos conocen cada matiz de los estados de ánimo, las alarmas de unos ojos fogosos o codiciosos, la verdadera

filosofía de la supervivencia (claro está, que no me refiero a la del corrupto),

la diferencia entre la ciudad y el campo, la actividad pública que no recurre a

medios irregulares, y jamás confunden la verdad con la falsedad, por muy

preclara que sea la apariencia de ésta última. Han vivido, han sufrido, no

podrían ocupar indignamente un puesto. Los canallas y sinvergüenzas

abundan. ¡Memoria!: ¿adónde vas sin mi suave palpar, sin mi avejentada

intuición, sin mis ojos que ya ven sin mirar? No quiero volver la vista atrás,

porque aquéllo en que estás pensando, está aquí, delante de mis ojos, como

nubecilla que asoma dándome un soplo]. ·

-Llega el descanso ansiado, tras tremendo esfuerzo. Hay quien lucha con

los versos, mas yo, con los altibajos. Es hora de retirarse, de zarpar hacia el

hogar, de aspirar a la paz y justicia ideales.

-Sí, es hora de todo eso.

6

Momento previo al ejercicio atlético

y sexta salida.

"*Pobre Stanton, alma desdichada -pensó Dimas, tras leer unos capítulos del libro-. Siento profunda pena por él. Tomado por loco y soportando los delirios, las extrañas vociferaciones, los aterradores discursos provenientes de locos que ocupan otras celdas. Pero el burlón de Melmoth el Errabundo -como prometió- aparece entre él y la luz. Y tras su coherente exhortación, entrega a Stanton las llaves de su liberación. Tiempo después, éste dejó el manuscrito en manos de la familia Melmoth. En este episodio de la cárcel, Melmoth el Errabundo es un bienhechor. El manuscrito ha sido leído por el estudiante Melmoth, con perplejidad y excitación. Acto seguido, lo destruye por orden de su tío. He de confesar que Melmoth el Errabundo es un ser instruido, enigmático pero caviloso, muy perspicaz. Es de los pocos seres sobrenaturales perfilados con una asombrosa lucidez. Maturin ha creado un personaje que, cada vez que aparece, engrandece el escenario; su figura se agiganta, cuando usa su sugerente verbo*".

-Suelta esa novela macabra y sígueme al parque -ordena Helena, lista para salir.

Una vez en el parque, a Dimas le pareció más concurrido que otros días. En un ángulo de la entrada, habían instalado un tiovivo.

-Inicio mi recorrido. Has de saber que unos ejercicios diarios al aire libre serán beneficiosos para ti -Y dicho esto, se alejó corriendo.

"Llevo una vida feliz, no me quejo. Leo, escribo y la sensual Helena me tiene bien atado. No suelta riendas. Pero soy tan amante de lo gigantesco, de los suspiros profundos, de los islotes jamás hollados por el hombre que...".

-Una sonrisa vale lo que un diamante -expresó una mujer a otra, al tiempo que pasaba Dimas y se secaba la frente con una servilleta de papel.

[Me recuerda aquella poesía mía: "A la sonriente Marisa" [3], que dice así:

Misterio es la sonrisa

arrobadora, que se despliega

revelando el quid de la vida...

iluminando cielos sin efecto.

Sonarán carcajadas, pero la sonrisa

apunta a un cosmos sin celosías.

Aléjate de las sonrisas de pergamino, de esas sonrisas que se tragan la alegría de la noche, de esas sonrisas que causan estupefacción, de esas sonrisas que se cuelan de rondón para desvirtuar el recital lírico, de esas sonrisas que no evolucionaron de mono a hombre, de esas sonrisas que se

---

[3] Publicada en la web: poesias.es el 08/10/2012.

despliegan zahiriendo, empolvando. Una de esas sonrisas (perfectamente disfrazada) se explayó por mi frente, congelándome, y sólo pude entreverla cual ojo de cerradura. ¡No me digáis que hay misterio en todas las sonrisas! Una sonrisa rigurosa, apergaminada, hermética, no se siente con el corazón, sino con las uñas, como una terrible uñada. De nada vale la instrucción verbal para embellecer la sonrisa; ella surge del corazón, en conexión con la psique. Dadme una sonrisa que haya excitado siete Reinos y yo os daré una poción para relegar el olvido. No sé quién me dijo que las falsas sonrisas hay que ponerlas en salmuera. Tenía razón, porque, si enciendes el fuego, observas el humo que despide, y luego la miras (a la sonrisa) entrecomillada (es decir: metamorfoseándose), entonces sufre brutal descomposición].

-*Te llevo una vuelta de ventaja. Ese tal Melmoth el Errabundo, no te da buena suerte. La novela gótica no nació para ti* -argumentó Helena y presta se alejó.

"*A mí me parece más atractivo que Drácula, más elocuente, más cerebral. Maturin domina a la perfección el lenguaje literario. Y cuando se adentra en la interioridad, se despliegan pensamientos que enriquecen el sentir*".

-*Sí, porque el avión no aguarda* -observó una mujer a su compañera de banco.

[El avión no aguarda. La vida y su complejidad tienen su ritmo. Agitas un pañuelo si un ser querido se ausenta, te molesta que cojee la silla, que se difundan falsos rumores, que lo sombrío se imponga en tu corredor, que uno se desvanezca, que se pierda el equilibrio sobre una escalera... que el avión se vaya sin ti. Pero el avión conecta largas distancias, el avión facilitó el contacto íntimo entre culturas, se hace necesario en este orbe multicultural, donde la globalización desluce, si se basa sólo en lo económico. **El hombre, con o sin avión, será siempre la medida de todas las cosas** y, si no lo es en algún lugar, será porque se ha impuesto un interés nefando. Amedrentar al pueblo sencillo, crear general confusión en lo tocante a su existencia, provocar pugna entre lo público y lo privado sin atender al principio expuesto antes, es plantear desigualdad y colocar al hombre (y no estoy pensando en el rico) al servicio de la economía. Ahora estoy muy fatigado; lo crematístico me pone nervioso. Si pudiera, si mi humildad me lo permitiera, diría a voces que el dinero me da asco].

-Te aventajo en dos vueltas. El estar tan apartado de la cruda realidad, no te conviene -razonó Helena. Y se alejó.

-La ironía se dirige a personas perspicaces -expresó el hombretón a su interlocutor, junto al ciprés.

[La ironía es la única figura retórica capaz de atravesar nubes de polvo. Así lo expresó un vendedor de tabaco que, generosamente, me atiborró de humor estético. Era un ser ilustrado, rompedor de clichés, despertador de mentes incapaces de seguir el vuelo, con cabriola, de una mosca. Su fin es...

archivarse rápidamente, extinguirse a vuelapluma, pulsar el espíritu imprimiéndole un oscuro nexo entre ser y no-ser. A veces, se alza comprimida, para desplegarse como fuego fatuo. Ella advierte e instruye, sin duda; y volandera atraviesa cielos inconformes. Una vez, la vi caída en un charco, despatarrada. Acto seguido, le dije: *"Tú no eres una verdadera ironía, se te han pegado colas inoportunas, y tu genuino giro ya es mero remolino de viento, polvo, humo... nada. Así te ves, mojada, chapoteando, perdido tu generoso giro, nebulosa regresando a su casa. Quizá otro día repare en ti, y, en un puente giratorio, te dé un empujón para que te eleves sin miramiento y seas, de nuevo, capaz de cortarme la respiración, de arrojarme dardos que ascienden en espiral, y pueda yo penetrar en tu viso vergonzante. Entretanto, sé paciente, trepa a las ramas de tu arbóreo signo y recupera el verdadero sentido"*].

-*Ya son tres vueltas de ventaja. Estoy cansada, muy cansada. La oscuridad cumple su papel, a la hora convenida. ¡Retirémonos!* -manifestó Helena.

-*A casa.*

(7)

Momento previo al ejercicio atlético

y séptima salida.

"Ahora que el joven Melmth ha leído el manuscrito de Stanton -se decía Dimas-, me temo que algo inminente le sucederá. ¡Ay, una fuerte tempestad irrumpe en escena! Los terrores de un naufragio, los fogonazos, avisos de urgencia a la vecindad costera. Las reflexiones de Maturin en los inicios de escena son portentosas. La figura impasible sobre la roca -te veo, Melmoth el Errabundo-, soltó una carcajada. ¿Será propio de los seres sobrenaturales manifestar en las escenas más trágicas de la vida, carcajadas o risas estrepitosas y descompuestas? El extranjero salvado del naufragio es un español, el cual al ver caer a la mar encrespada, desde una roca, al joven Melmoth, fue hacia él y lo salvó. Espero con interés el relato del extraño español".

-Es necesario leer obras que reconcilien, que no te sumerjan en las tinieblas. Es hora de salir al parque -expresó Helena.

"¿Obras que reconcilien? Mi paz interior es duradera. Ya nada me conmueve, salvo ese sobrepeso que apenas rebajo. El terror se halla dentro de nosotros, en celdas apasionadas. De vez en cuando, se agita y nos pide un mínimo de exteriorización".

En el parque, Dimas vio una anciana caminando con dos bastones. Cerca de ella, dos niñas con patines se alejaron patinando. El cielo estaba cubierto y era escasa la luminosidad.

-Ahí te dejo. Lo sombrío puede acompañar tus escarceos -expresó Helena y se alejó corriendo.

-Uno de los defectos de su tesis es el exceso de citas -razonó un mozo a otro, ambos sentados en un banco.

[Cierto, porque si hay tantas citas que parece que es otro el que orienta el discurso... Citas, pocas y sólo las enriquecedoras, las que contextualizan, las que son capaces de sacar pecho en el texto. Sin embargo, han de ser breves, sutiles. Si uno se emborracha de citas, se sumerge en un sueño incoloro, perdido el semblante, errante por caminos sembrados de instrumentos de tortura. Una cita no puede llegar demasiado pronto ni demasiado tarde, debe ser oportuna. Odio las citas que se cuelan de rondón en el discurso. Hace tiempo que las combato, que les propino sablazos con una vieja catana. A una, demasiado altiva, le dije: *"Tu actitud es el colmo de la descortesía. El discurso había cobrado vuelo y tú te introduces en él subrepticiamente, sin previa llamada"*. Uno puede acudir al llamado en cualquier momento, menos cuando está justamente analizando el quid del problema. La cita no invitada, distrae, se hace apremiante, se ciñe una guirnalda que no le corresponde, y da soluciones inmediatas que no convencen a nadie. Lo dijo Bartolo. ¿Y qué?

Como si Bartolo fuese la pitonisa de un templo griego arcaico -me refiero a los circulares-. Las citas desprecian la verdadera disposición del ensayista, recogen pareceres no contrastados, se alimentan de lugares de origen, tratan de completar signos que nadie requiere. La cita es una artimaña para descarriar al lector, para llevarlo a terrenos movedizos, para engatusarlo con apuntes baldíos, inconexos con la verdadera faz del discurso. Una vez, guardé el recuerdo de una cita y cuando volví a toparme con ella, la espeté: *"Eres insulsa, indoblegable, más dañina que un dolor de muelas"*].

-*Te llevo una vuelta de ventaja. Es mi deseo que, alguna vez, recuperes el terreno perdido -expuso Helena y se alejó presta.*

-*Para alcanzar la madurez cultural... -comenzó a exponer un anciano a otro, ambos sentados en un banco.*

[¡Vaya! El resto se lo llevó el viento. Intentaré completar el sentido. Para alcanzar la madurez cultural es indispensable razonar, imaginar e intuir mucho. ¡No está mal! Pero se puede mejorar. Por ahí están los medios, los recursos, las ansias, soportar el sufrimiento como vía de conocimiento, alejarse de los fuegos artificiales (de la loca realidad), y aguzar el nervio óptico. La observación, apoyada por la reflexión, es indispensable. Uno puede ver por el rabillo del ojo cosas que no acrecen la madurez cultural; objetos como pompas de jabón que bailotean alrededor de tus narices sin aportar nada al cúmulo de tu madurez. Hay métodos muy viejos para alcanzar esa madurez: un profesor que apriete, un juez implacable, una realidad que se retuerza en su dureza... Sin embargo, hay que evitar el hermético bloqueo de la razón y las pérdidas irreparables de memoria. ¡La memoria! ¡Ah, es fundamental! Sin memoria, ¿adónde va tu madurez cultural? Sin ella, caerías en el olvido; te buscarían allá donde van las cosas aniquiladas y hallarían un ser sin vigor, sin disposición, mas revelando una débil sonrisa].

-*Ahora son dos vueltas de ventaja. Sin agallas no hay éxito* -observó Helena, y se alejó diligente.

-*El turismo, según la coyuntura, así como viene se va* -manifestó lacónicamente una mujer a otra, ambas sentadas en un banco y observando a sus hijos jugar.

[La coyuntura. ¿Diré de cosas previstas o imprevistas? Toda coyuntura se revela antes de su sazón. Hay como tentáculos invisibles que avisan de lo inminente, como coletazos que muestran sus verdaderas intenciones, como derroteros estratégicos que sufren en silencio y se adentran lentamente en el porvenir. Hay un tiempo para la oportunidad y otro para recular. La coyuntura es incapaz de callejear, de trepar a un árbol, de emborracharse con palabras ociosas, de escrutar los vitrales de una iglesia sin padecer escalofrío. Un gran sabio del pasado, dijo: *"La coyuntura es una posición de vanguardia, sembrada de confusión"*. Y tenía razón. Cuando adviene una coyuntura, mejor rogar a los seres celestiales, vivir el presente, mas clamando al pasado. Yo me encontré con una coyuntura y le manifesté: *"Te imponen con una arrogancia, con una severidad digna de un dios porfiante, a ti todo se subordina, hasta las reliquias te saludan cuando marcas el paso. He visto con mis prismáticos aves migratorias que, en vez de darte la bienvenida, se alejaron sin contemplaciones. Creo que te vieron el semblante, que esperaban tu azote, el desmantelamiento de todo lo existente. Yo me hubiese ido con ellas, si pudiera volar, porque el vuelo del pensamiento no me aleja de este marasmo que empieza a cundir por mis venas"*. A veces, me levanto de la cama y hago mutis por la puerta izquierda. La puerta derecha puede ser un anzuelo, un pasadizo hacia las mazmorras. Mi vecino asegura que ha visto una hendidura gratificante en la coyuntura, con una luz vivificadora. No obstante, como la semana pasada me enseñó un parte médico en el que decía que él tiene el pulso débil, no sé qué pensar. Lo del pulso y la coyuntura, no queda ahí. El tomarle el pulso a la coyuntura es indispensable; hay que tratarla con esmero para que no degenere. Los tiempos no están para cuentos ni disparates].

-*Son tres vueltas de ventaja y tú sin inmutarte. ¿Qué armadura es la tuya? ¿De qué abismos proviene tu gallardía? Es hora de retirarse. La noche no es suave y áspero su manto* -manifestó Helena.

-*¡A casa!*

Momento previo al ejercicio atlético

y octava salida.

"La lectura de la primera página del relato del español -piensa Dimas-, sugiere que se trata de una exigencia sobrenatural, inhumana. Los padres de Alonso (a la sazón doce años, y dos mayor que su hermano), con el beneplácito del abuelo (un anciano decrépito): conde de Moncada, pretenden conducir al niño a un convento de jesuitas, para convertirlo en seminarista. Aquí se inicia el siguiente conflicto".

-Esa obra está diluyendo tu flexibilidad y gracia. Debieras alejarte del chisporroteo de esa bestia que se muestra en ella -argumentó Helena. Y agregó-. Es hora de adentrarnos en el parque; el esfuerzo físico allí nos reclama.

El parque se hallaba concurrido. Sobre el parterre, pleno de césped, había sentadas muchas parejas, con los pies descalzos.

-Hoy no contaré las vueltas que te lleve de ventaja -observó Helena, alejándose presta.

-Estaba tan apartado de la realidad -dijo un hombre maduro a otro, ambos de pie junto a un álamo blanco.

[Si uno se introduce en una pompa de jabón, ¿se aparta de la realidad? ¿Y si se sube a lomos de una quimera? Sabed que la imaginación no tiene límites. El apartarse de la realidad es, sin duda, un apartarse profundo. No basta con acuclillarse en un rincón oscuro, donde no hay tic-tac de reloj. Y si se cierran los ojos no desaparece la cruda realidad, con su imponente escenificación, con su golpe maestro. Tampoco puede uno charlar con ella, porque, ¿dónde su rostro, su perfil, esa figura que puede causar estragos con solo respirar? La rebeldía ante la realidad de nada sirve, te dan golpes chapuceros por doquier. Es menester subirse a lomos de ella, dirigirla cual ave impregnada de espíritu de sacrificio, mas sacrificándose ella sola. Un sabio dijo a la sazón: *"Nadie supo cómo se escabulló la realidad que se imponía"*. Y yo lo creo. De pequeño, te espetan: *"Has de conocer la realidad"*. Ahora que soy viejo y he conocido tantas realidades, miro al sol poniente y arrojo dardos verbales a una línea curva que representa el horizonte. Por cierto: ¿cuántos horizontes nutrientes pueden coexistir en una realidad? Porque si no son nutrientes de nada sirven.

-Hace mucho tiempo que no nos vemos ni charlamos -me dijo una realidad atormentada.

No le contesté. El dinamismo del universo está por encima de ella, de la humanidad y sus antojos. Las realidades vienen y van, anhelan su conservación, su perpetuidad, pero tal cosa es imposible. La realidad y su canto son situaciones mudables: la realidad cambia y con ella su canto adherido. Fluctúan los precios de la realidad, las ocupaciones, el trueque, el valor del dinero, el sentido de la honorabilidad, el respeto hacia el paisaje. ¡Quién pudiera retirarse del escenario de la historia, tan solo para distanciarse de cualquier realidad!].

-No las cuento -apuntó Helena, dejando a su esposo atrás.

-Una novela debe causar sensación -declaró una moza a otra, ambas hermosas, cosa que oyó Dimas, al pasar.

[Y si no causa sensación no se vende. Cierto. Pero hay novelas que no son literarias, objetos sustitutivos que hacen las veces... No, si no es literaria no es novela. Quiero apuntalar que las novelas literarias no se andan con retóricas, éso era cosa del pasado. ¿Que usted no quiere leer novelas electrizantes? Pues lea baturrillos, puedo incluso indicarle un cúmulo de novelas que pueden pasar por bodrios. Ignoro por qué tantos se empeñan en rebajar lo lírico y lo novelesco. Lo rebajado ha perdido orden y medida, por no decir exquisitez. No se puede comparar una piedra tosca con una preciosa. ¿Que usted sólo quiere leer piedras toscas? Bueno. ¡Viva la fiesta! Siendo yo un ser insignificante (también indistinto) no lidiaré semejante combate, un combate inútil, pues aunque venciera yo (cosa más que improbable) mi influencia sería imperceptible. Y me temo que una inflexión es irreversible. Ahí (en la novela literaria) están las ansias, la necesidad de elevación, el espíritu que se alza sin alas y sin viento, simplemente por contemplar desde lo alto, la imaginación que rota por el universo, la intuición que abre brechas en ángulos oscuros, la inspiración que asciende en espiral hacia el firmamento para beberse una taza de té en una diminuta meseta astral. En verdad, yo cambiaría una de sus novelas (esos bodrios que se venden como churros) por un flujo turbulento, por una llama tan sutil que, mediante las letras, configure una humanidad letrada].

-Y no las cuento -observó Helena, dejando atrás a Dimas.

-Los árboles de la orilla se reflejaron en el río -comentó la joven que tocaba la guitarra a su compañera.

[Aquel era un lugar ameno. Un suave viento movía las hojas de los árboles frondosos. Los pajarillos cantaban en las ramas y las aguas del río fluían transparentes, lamiendo las piedras de su lecho y orillas. Un pintor había colocado el bastidor y fijado un lienzo para pintar al óleo. El paisaje era radiante, sereno, propio del país de has hadas. Cuando los árboles de una orilla se reflejaron en las aguas del río, pensé en el fluir de la vida, en la importancia del símbolo, en la necesidad de mantener viva la memoria. Una correcta concepción del devenir del mundo -libre de polvo y paja- se me imponía, de repente. ¿Cuál es lo correcto y cuál lo erróneo? ¿Cuál es la verdadera batalla que debe librar la humanidad, una humanidad en paz y justicia? Las ceremonias deben ser sencillas y no extraordinarias; las extraordinarias se alían con la pompa, con la opulencia, con la ostentación, con la vanidad y esas no son ceremonias deseadas por la humanidad. Yo expongo mis pensamientos, exteriorizo mi universo interior, transmito sentidos que van más allá de lo confortable, de lo deleitoso; sentidos que dictan una nueva forma de discurrir, alejada de lo partidista, de lo parcial, de lo que sólo incumbe y se complacen unos pocos. Lo meritorio reside en la entrega sencilla y sin ánimo de recompensa. Llegado un momento, es necesario que la base económica se adapte a las circunstancias, para el bien de la humanidad. El hombre está y deberá estar siempre por encima de todo: es la medida de todas las cosas (y abominar de los oropeles)].

-No he contado las vueltas que te he llevado de ventaja. Presiento que no sirve de nada. No te excitan mis mensajes, ni te conmueve mi oratoria. No importa. Es noche cerrada y hemos de recogernos en nuestro hogar -expuso Helena, ante su esposo.

(9)

Momento previo al ejercicio atlético

y novena salida.

"Pero Alonso, el niño de doce años, no siente ninguna inclinación por la vida monástica. Y desea salir de esa ambiente. La conversación con el director es excelente. No obstante, las réplicas de niño, más bien parecen de un se adulto y perspicaz. Es en los diálogos, en las exhortaciones, en los momentos en que se usa de la persuasión, donde esta obra supera a muchas otras de terror", dijo a sus adentros, Dimas.

-La vida de ese Melmoth errabundo, ¿a quién puede importar? Son narraciones góticas, figuras burlonas generadas en las tinieblas del más allá -razonó Helena. Y añadió-. Ya es hora de que vayamos en dirección al parque.

"¿Cómo sabe eso, de la obra que leo? Me consta que ella no la leyó, desde que convivimos. No creo que todas las mujeres tengan un sexto sentido. De todos modos, sé que ellas siempre esconden una carta que, cuando la dan a conocer, se convierte en un bombazo".

El parque se regeneraba día a día. Unos días mostraba su juventud, y otros, la decrepitud.

-No esperes que revise el plan original -dijo Helena y salió corriendo.

-Aquel hombre se puso un par de alas e intentó volar como las aves -comentó un anciano a otro, ambos sentados en un banco, al tiempo que pasaba cerca Dimas.

[¿A quién se referirá? ¿Un hombre moderno intentando volar con alas rústicas? En los ensueños los niños vuelan temerosos, mas sabiendo que no caerán. No obstante, podemos volar con el pensamiento, observar el mundo con espíritu emprendedor, y, de vez en cuando, frotarse los ojos para ver qué pasa con la miseria y con la hambruna. Yo, una vez, volé con el lenguaje; trepé a la cima de lo decible, y en ella me quedé solo, sin compañía. Desde allí -comoquiera que no tenía ninguna misión diplomática- oteé el mundo, tratando de adivinar su tarea histórica y su función en el dinámico universo. Y como el que os habla era un hombre instruido, pudo componer una crónica que nadie leyó; la transmití adonde corresponde, pero salvo los cantarines grillos, no creo que nadie racional la leyera. Desde ese momento, me pregunté para qué volar, con qué comparar lo que se experimenta con semejante vuelo. Para poder volar es indispensable aletear, es decir: preparar el vuelo con plena confianza. Si uno se coloca al borde de un precipicio y se dispone a aletear, que no mire abajo, ni a los pájaros perplejos, ni piense que habrá otras ocasiones. ¡Hay que saltar, extender y agitar las alas! Nada se logra sin un dominio absoluto de la causa. El *"vuelo"* social es otra clase de vuelo. Depende de la silenciosa intensidad de las influencias, de las ocasiones doradas... ¡del arrímate que te proyecto, que te lanzo, que te disparo hacia las esferas más altas! Hay quien se une a las fuerzas progresistas para poder "volar". Se prueban máquinas para que el hombre pueda volar con ellas. Muchos de ellos vuelan con aires románticos].

-*Como dijo aquél* [4]: *"Los meses y los días son viajeros de la eternidad". Para ti, este perímetro representa una eternidad -expresó Helena y se alejó diligente.*

-*Es una peonza de bambú -dijo un joven a otro, ambos sentados en un banco.*

[Peonza de bambú, revestimientos de bambú, sillas de bambú, jaulas de bambú... ¡cuántos objetos se pueden fabricar con bambú! Los bambudales son preciosos, de un verdor exquisito. En uno de ellos, parece que el verbo de uno se yergue, se alza al cielo, se une a las nubes cubriéndose de agua, entrando en el fondo de los asuntos con pocas palabras, contemplando los numerosos quebrantos del mundo. En un bambudal debes ser audaz, para no perder el ingenio. En él no hay señales, ni apoyo, ni ternura humana, sólo el beso del viento, la ráfaga movedora, y el estar uno frente a frente con las verdes cañas. Si uno se encuentra abatido, recupera el equilibrio, el vigor intelectual ante el bambudal. Después de una conveniente estancia en el desierto (para dirimir los asuntos del mundo), viene aquella que tiene lugar

---

[4] Matsuo Basho.

en el bambudal, donde patea uno de desconsuelo o presencia jubiloso la inflexión operada en la magna globalización].

-Sé perseverante, no te detengas, acelera el ritmo. Días vendrán en que las fuerzas caerán -anunció Helena, dejando tras sí a Dimas.

-¡Qué va! Creo que se hace el enfermo -dio su opinión una mujer a otra, momento en que pasaba cerca Dimas, secándose el sudor de la frente con una servilleta de papel.

[Como el enfermo de Molière. El absentismo es un mal contagioso: se hace indispensable operarlo. Si uno se deja barrer por el viento o por el cuento que valga... No, la verdad sólo tiene un camino. La derechura también. A mí, que me paso la vida inspeccionando bacterias, no me la darás con queso. Tu enfermedad es un forro indigesto. Los campos se visten de verdor y tú no vas al trabajo. Días después, das un pretexto inaceptable para tu ausencia en el trabajo, un pretexto incoherente o trillado. Eres flor de un camelo que no me creo. ¿Que tienes una ampolla en el pie, que te ha chupado sangre un mosquito, que el polen primaveral...? ¡Venga ya! Arrima el hombro y abandona tus falsas sensaciones. En el trabajo te espera el jefe, tomará nota, verificará tu estado (aún sin ser médico). Te conviene, de todos modos, pasar unas horas en altas cumbres, respirar profundamente y sentirte parte activa del universo. Las partes pasivas no hacen sino estorbar. Allá, en la cumbre de la montaña, soltarás tu ristra de mentiras y no las utilizarás nunca más. Los sabios aseguran que invertir toda tu fuerza intelectual y física en favor de la humanidad es acto benemérito].

-*Anochece. Hemos mostrado tenacidad, pero nuestras fuerzas flaquean. Estoy agotada.*

-*Y yo -expresó Dimas, pasándose una servilleta de papel por la frente sudorosa.*

(10)

Momento previo al ejercicio atlético

y décima salida.

"Conforme pasan los días y analizando las reacciones de sus compañeros acerca de él, Alonso decide llevar a cabo estratagemas y fingimientos. Sí, intenta escapar de semejante encerrona, Alonso -aplaudió Dimas, desde su silencio-. Considerando el convento un ámbito de hipocresía, él soñaba con verse libre. ¡Ah, 'la voluntad del cielo'...! ¿Una maldición? ¡Sumisión, sumisión, sumisión y no terquedad! Lo sospechaba desde el principio: Alonso es hijo ilegítimo".

-La palabra de ese Melmoth odioso, no te sacará del apuro. Ni rebajará tu peso, ni te impulsará en la carrera más allá de tus fuerzas -expuso Helena. Y añadió-. Es hora de hollar el parque.

El parque estaba animoso. Lucía un sol espléndido. Un joven tocaba el violín, rodeado por varios jóvenes.

-Me alejo de ti, sin recuento. Esta tarde es emocionante, plena de música y melodía -advirtió Helena y se alejó corriendo.

"Es una tarde cualquiera; sólo ese violinista la hace diferente. No desearía, es cierto, ver personas abatidas, ni sonrisas amargas".

-*Antes de caer en el vacío... -dijo un hombre maduro a otro, ambos sentados en un banco.*

[¿Caer en el vacío? Se referirá, sin duda, a caer en un vacío espiritual, la cual cosa es más que probable si sólo atiende a la flecha social. El interés social va en una dirección y el espiritual en otra. Una sociedad que haya bajado la persiana de lo espiritual no tiene futuro. Hablo de lo simplemente espiritual, no estrictamente de lo espiritual-religioso. El mundo laico, desde siglos, ha apartado ingente espiritualidad. Quizá no prevenga, la espiritualidad laica, de ningún cielo empíreo, sino de las nubes, arreboladas, de los arco iris, de ese silencioso ahondamiento en la más profunda interioridad humana. No caigamos en el vacío, no permitamos que la sordidez nos atenace o se instale delante de nuestros ojos como vil musaraña. No, ensanchemos, naveguemos con nuestro intelecto por universos jamás hollados por el hombre, acerquémonos al origen de toda iluminación, asistamos a la señal que aflora incontestable en el horizonte de los sucesos decisivos, no permitamos que la mediocridad, que lo material determine nuestros más concluyentes pasos. Caer en el vacío es perder la voluntad, la conciencia, descender a un inframundo cercano al olvido de la naturaleza esencial, donde nos percatamos con espanto de nuestra ausencia].

-*Ahora el conteo no va conmigo. Una se siente requetebién -observó Helena, dejando atrás a su esposo.*

-Como en el bar había mucho ruido... -comentó un anciano a otro.

[A quien dice que los bares son la moderna universidad, donde se aprende más y mejor. ¿En qué estaría pensando yo, cuando aquel aficionado futbolero difundió su excelso discurso desde un bar céntrico de la ciudad? Al no escucharlo, me perdí el más grandioso rapto de mi ser, el temblor y la excitación que predominaba aquellas horas, el vuelo de mi espíritu alejándose de filosofías y literaturas caducas, reacias a valorar el caudal del evidente argumento popular. Ha fracasado mi proyección, me he quedado al borde de la conquista, he perdido el derecho inalienable a cantar goleadas; ahora soy no más que un ser invertebrado, un desahuciado de los campos de fútbol, un espíritu errante por mor de no vitorear al equipo local, un ser solitario expulsado de los campos afines: campos redondos, esféricos, sugestivos, sensacionalistas, y de otros, explosivos en su ardor. Yo no contaba con esa reacción multitudinaria, con ese griterío que me desuella en la distancia. Ahora estoy por poner fin a este asunto y declarar que el fútbol, incuestionable campo de batalla para las naciones, es grandiosidad visible, esfericidad primorosa, lumbre que se halla por encima de toda concepción inmaterial y chapucera (pues al universo inmaterial hay quien accede a regañadientes, mientras a otros les repele, con frenesí, su proximidad].

-¿Para qué devanarse los sesos? Una pierde apetito y peso en verano - declaró Helena, dejando atrás a Dimas.

-Yo no estuve allí, pero dijeron después que él alzó la copa y agotó el vino - expresó un anciano a otro.

[¡Bueno! ¿Que agotó el vino de la copa o todo el vino? Tal vez, cuando alzó la copa agotó el vino con la nariz. No hay nexo, ¡válgame el cielo!, entre la copa y el vino. No se sabe cómo pudo agotarse el vino, tras levantar la copa. Parece obra de un mago, magia vínica para entretener a espectadores amigos del alcohol. Si alguien estuvo al corriente de toda la situación, que venga y lo aclare. Yo, por mi parte, sostengo que el hecho de levantar la copa no es signo de pasada o futura acción grandiosa. Hay quien levanta la copa, tras un bostezo irremediable. Los hay que, girándola en la mano, van descubriendo paraísos artificiales, templos de lujuria, senderos de gloria, pensamientos arremolinados que, finalmente, ascienden impetuosos en espiral hacia cielos jamás visitados por la palabra no usada (¡hum!, mas en este caso...). El levantar la copa es acto baladí, altivo, completamente indiferente a quien está más fresco que la lechuga. Clamo al cielo para que, desde ahora, se levanten tímidamente las copas, para que se consolide la ligazón entre copa y labios, para que los lazos de amistad se promuevan en maniobra sincrónica].

-El constante reloj del tiempo, marca nuestra retirada. La noche nos invade. ¡Vayamos a casa! -expresó Helena.

Momento previo al ejercicio atlético

y décimo primera salida.

"Vale. Alonso es el hijo del pecado, y la madre trata de expiar su crimen. Desde luego, no sentencies a tu madre a la eterna condenación -dijo a sus adentros, Dimas-. Aquí no hay respiro. Las escenas se suceden vertiginosamente".

-Esos seres preternaturales que pululan en tu fantasía, son capaces no de deleitarte o emocionarte, sino de conmocionarte, de desconcertarte; y eso no es beneficioso para tu espíritu -argumentó Helena. Y agregó-. El parque nos espera, desinteresado.

El parque estaba concurrido, grupo de jóvenes por aquí y por allá, conversaban felizmente. El sol aún era de justicia y Dimas, un tanto indeciso, repetía a sus adentros la necesidad de correr, sudar y perder peso.

-Te dejo con tus historias, relatos y demás piezas de difícil clasificación -observó Helena, alejándose presta de Dimas.

-Le escribiré un e-mail *esta noche -dijo la joven, al mozo que la miraba sin parpadear.*

[Escribiendo un *e-mail* todo se arregla, se resuelve una situación embarazosa sin verle el rostro al otro. Hay personas que aun enamoradas tienen miedo de comprometerse; ganan una batalla tras otra removiendo esferas etéreas, cielos donde la confusión es ajena a ellos. Surgen contradicciones por encima de las tejas del tejado que, luego, se precipitan disuadiendo uniones favorables, a menudo, cargadas de formalidad. Sin embargo, la formalidad, frecuentemente, es un embarazo del que no sabemos o podemos desprendernos. Yo le dije a ella, una vez: *"Donde mis pies vayan, observarás la rectitud de mi caligrafía"*. Y me ignoró. Todavía no sé por qué. Quizá no entendió la analogía entre mis pies (jamás se tuercen) y la rectitud de mi caligrafía. Los logros en un baile de seducción, de cortejo, o en un asedio amoroso, como la cueca, se fundamentan en los movimientos de los pies (sin éstos, los de las manos carecen de importancia). *"Usted se esfuerza mucho en cortejarme, en embellecer todo lo que hago y digo; no sólo se fija en mi vestimenta, en mi peinado, en si llevo peineta o no. Usted me devora con la mirada, y éso, permítame, no lo puedo soportar"*. Vale. Lo de la peineta es mentira. Las peinetas me importan un bledo. No así las piernas, los pechos y, especialmente, los traseros. ¿Y si me hiciera pasar por un monje casquivano? Sí, de ésos que no les entristece el rozarse con las mozas. Sería un monje en busca de la beldad, errabundo entre senos y cruces, recorriendo lechos sin oficio religioso, cosechando comprensión gracias a su generosidad. No obstante, lo de monje... Prefiero ser monje de veras, dar sermones que solivianten la aldea, discurrir con los pajarillos, con las serpientes, con los astutos zorros, con las gallináceas que son víctimas de *"animales asesinos"*].

-*¿Cómo te ha ido desde que nos separamos? -inquirió Helena, al pasar junto a su esposo.*

-*No muy bien. Tengo la camiseta empapada de sudor, y la coronilla -repuso Dimas.*

-*Me ha comprado un libro de botánica, a mí que me gusta la lírica-manifestó la joven a su compañera de banco, al tiempo que pasaba cerca Dimas, secándose el sudor de la frente con una servilleta de papel.*

[¡Mira que no apreciar la lírica que contiene toda botánica! La variedad de flores, de reproducciones vegetales, de colorido, de heliotropos, de hermosísimos vegetales que muestran sus rostros sobre la superficie de estanques y lagos. Observas un crisantemo y el colorido de sus flores te transporta a regiones donde el dragón era dueño y señor de las aldeas. Una vez, casi metí la cabeza en una flor-cucurucho. Bebí su agua y comprendí que el rocío, había echado una mano a mi sed. Con palabras, uno no puede expresar la riqueza, la justicia, la armonía del mundo vegetal. Cuando te dé un beso tu novio, no lo recibas con una sonrisa glacial. ¡Eso jamás! Que sea una sonrisa de hortensia o del híbrido de pasionaria. Él soltará unas lágrimas amorosas, se perderá en cálidas tinieblas interiores y respirará profundamente. Es el momento en que te toca actuar. Debes agitarlo con pasión, retorcerlo de placer, acaramelarlo con divina voz femenil, introducirlo en un laberinto del que no podrá huir jamás sin tu ayuda. Sin embargo, si él es un tipo experimentado y astuto, debes poner toda la carne en el asador, asaetearlo con dardos que resbalen por su frente, conducirlo a una extraña zona de liberación, y movilizar todos tus dedos para agotar la escasa resistencia del infortunado. Pues, una vez en tus manos, se hallará perdido, irremediablemente].

-Nos hallamos inmersos en una ola de calor. Es bueno para nosotros; así perderemos más calorías -observó Helena, dejando atrás a Dimas.

-Los españoles parecen muy secos al hablar -aseguró la mocita al joven que la miraba exaltado.

[¡No lo dirá por mí! Yo que bailoteo ante los espejos deformantes, les saco la lengua y los incito a que salgan de sí, que se explayen en mi ribera, que me dicten lo que verdaderamente les acucia. Porque los espejos, ¡sépanlo de una vez!, son entes muy tristes, envejecidos, aletargados en su mostrar sin ver. Les hago carantoñas endiabladas, tan solo para despertarlos de su letargo. Una vez, observé uno en el lejano rincón del corredor. Le hice señas con la mano y no se inmutó. Luego, me acerqué sigilosamente y, ante él, dibujé un interrogante con los dedos. No pasó nada. Seguidamente, escribí un mensaje dirigido a él, apoyado con sencillos dibujos, y no modificó su rostro. Entonces me encendí, invadí su zona, y con mi verbo proverbial, tanteé el suyo. En ese momento se dibujó en su rostro una mueca (una mueca de espejo, claro está). Sí, definitivamente logré expulsar la tristeza de su ámbito].

-Este negro manto de la noche, todavía tiene una pizca de azul. Hace tanto calor. En casa estaremos a gusto -observó Helena.

(12)

Momento previo al ejercicio atlético

y décimo segunda salida.

"¡Seré monje! ¡Ja, ja ja! -rió Dimas-. Pero... ¿pronunciará los votos? Este niño también es amante de las carcajadas, como aquél. ¡Vaya desesperación la del niño Alonso! Un milagro en el jardín (la fuente se había secado y el árbol marchitado), cuando la noche anterior todo era normal".

-A mi edad y todavía no he probado, tan solo por probar, el vino de arroz de Shaoxing. No sé por qué tengo semejante capricho. Sin duda es un deseo más realista que los que te puede aportar ese ser diabólico que corretea por tu espíritu -argumentó Helena, y agregó-. El parque nos espera con su templanza.

Hacía mucho calor. El parque estaba muy transitado. Las mujeres se hacían aire con vistosos abanicos.

-Me alejo de ti. No te abismes ni pienses en figuraciones sinsentido -observó Helena, dejando atrás a su esposo.

-Don Quijote leyó tanto que se volvió loco -expuso un anciano a otro.

[Cierto, porque hay libros que enloquecen a quienes los leen (verbigracia, este que estás leyendo), pero uno no debe dejarse sorprender por el despliegue suntuoso de las letras, por muy acicaladas que éstas se vean. Don

Quijote creyó ver bribones, tunantes, magos oscuros, y lidió ardorosamente con quienes tratan con injusticia o con mezquindad. Su lanza era el largo dedo que sostiene la justicia en su verdadero sitio; no consentía el despotismo, el nefasto sometimiento de los espíritus, ni retrocedía ante el burdo alarde de fuerza. Don Quijote es el lado bello de mi rostro, el que busca con frenesí la armonía social, colocando su lanza en ristre si observa desajustes, presunciones, visos que anticipan una contradicción manifiesta. Endereza lo que viene torcido, y aunque lo muelan a palos, no se amedrenta, él a lo suyo. Una vez me topé con él y le dije: *"Eres un soñador. Sé que has salido de un libro embrujado, de un libro de caballerías que, si no lo pudo con sus elocuentes letras, procuró hacerlo con una imagen surgida de él: con tu inflexible disposición a enderezar lo torcido. Has de saber que, hoy día, sería dudosa tu conducta, rápidamente te confinarían en un manicomio. Tu plan es inaceptable. Muchos serían los que se mofarían de tus exhortaciones, brotadas de la cárcel. Casi nadie te vería como un ser justiciero. Pensarían en tus antiguos atropellos, conocidos por todos. No sé. Sería lastimoso que nadie sintiera lástima por ti. Estoy convencido que con la punta de tu lanza (salvo palmarios errores) apuntaste hacia lo despreciable, lo desdeñable, lo vil. Fueron esos errores palmarios quienes te apartaron de la subsiguiente corriente de la historia, donde hubieses triunfado, como caballero, como esclarecedor de ideas, como persona que percibe el mal con asombrosa antelación, como viajero por los caminos trillados, donde, uno como yo, podía caerse al primer golpe".* En estas horas de la noche, siento la creación de un cielo como el suyo, vigoroso, esplendente, justiciero. Acá tengo un sable de madera, utilizado en una función teatral titulada *"Don Quijote, alma de la convivencia"*. En aquella dramatización (yo no pude encarnar íntegramente a un personaje como Don Quijote), se fundieron los plomos, aparecieron gallos en el proscenio, y antes de que pudiera abrir la boca, subieron las cotizaciones de la bolsa y retrocedió varias leguas la rueda de la historia. Su conocida mala suerte se apoderó de mí, tuve miedo, creí que se me desvencijaba el cuerpo, que se me levantaban los puños y soltaba profundos predicados, valores ya asumidos por la sociedad, con voz estentórea: LIBERTAD, PAZ y JUSTICIA].

-El ejercicio fatigoso no es bueno. Todo sea por una causa justa. El leer un libro, sentada en un banco, sería una tesitura mucho más cómoda -razonó Helena, al pasar junto a Dimas y dejarlo atrás.

-Este cristal, ¿es de aumento? -preguntó el mozo a su acompañante, ambos sentados en un banco.

[Entiendo. ¿Lo pregunta porque anhela examinar los escondrijos, los recovecos, las hendiduras, las fisuras, los resquicios por donde se cuela lo indeseable, lo indigno, lo infame en la realidad. Él quiere verlo en grande, cerca de sus ojos, para que no se le oculten puntos de camuflada intención, para que no se enmascare ningún indicio que pueda deslucir la realidad. Un cristal de aumento sería indispensable. La faz de la sociedad debe ser pura, limpia, llana; las presunciones no levantan un país, ni la expresión fisonómica que convence. En la realidad se concilian muchos asuntos, pero los que tienen que ver con la Economía -así lo subrayó Karl Marx- son los fundamentales. Hay dineros que van y vienen, sin saber el porqué. Rastrearlos se hace complicado, porque están libres de obligaciones (otra cosa es el poseedor). Y la realidad, toda realidad, se mueve gracias al caballero don dinero. Ese cristal de aumento puede servir para observar los extraños caracteres que pululan en la realidad, pero que, sin motivo conocido, de súbito se desvanecen. Hay paraísos con uniforme de camuflaje, cortinas de humo como palabras engañosas, ultrasecretos que se rompen inesperadamente en rocas nunca consideradas. El negociar con mucho sigilo operaciones fraudulentas, conduce al extravío personal, económico y fisonómico. El honor, la ética, el compromiso por el bien social, todo eso queda en entredicho. Tras la picaresca, hubo un delirio hacia lo fraudulento. El pirateo estaba bien visto, al sueño avaricioso se le podía tocar con la punta de los dedos. Si el cristal es de aumento y hay buena iluminación, la función será excelente. Las puertas falsas, la diversidad de puertas que ofuscan la mente, las que no conducen a ningún derrotero, aquellas que, semejando puertas, son otras cosas, todas ellas, gracias al cristal de aumento, serán interrogadas, inspeccionadas, vilipendiadas].

-*Los hombres virtuosos y talentosos saben lo que hacer con su cuerpo, cuando éste se desborda* -expresó Helena, dejando atrás a Dimas.

"*Sí, que se lo pregunte a Plotino. Un cuerpo es un saco, un relleno innecesario para el libre espíritu. En realidad, es una cárcel del alma, un confinamiento, una limitación para que el espíritu no pueda explayarse mucho más. Tenemos un cuerpo, porque no hemos siso capaces de ser tan sólo ánima. Alguien añadiría: ‹Y para poder sufrir castigos corporales, más abusivos que los espirituales. En fin: el cuerpo es la palpable expresión de un error en la generación zoológica ›*".

-*La moda es llevar rotos los pantalones* -dijo una anciana a su compañera.

[Sólo para pantalones tejanos. A las faldas y vestidos aún no ha llegado. Cuando observas el pantalón con esos circulitos dispersos de carne natural, uno se queda anodadado. En verdad, se está difundiendo un mensaje (yo prefiero aquellos que iban dentro de una botella arrojada al mar). Hay tantas cosas bonitas en nuestro mundo que, el llevar rotos los pantalones, no me mueve. En cualquier caso -y ello no es discutible- es un punto flaco del pantalón. Los antojos, el placer que causa un motivo hiriente al ojo ajeno, el sentirse tan informal que asombra a sus semejantes con sus atavíos, el anhelo de que se preste atención a un motivo que no sea el típico sombrero, son razones a tener en cuenta, para adquirir un mejor entendimiento del asunto. Yo, no obstante, estoy esperando la moda de los parches. Según mi teoría, los parches nos situarían en un callejón con más auditorio, con más agitación de manos, con menos enmarañamiento. Desde aquí, solicito un impulso a la nueva moda del parche, aún por venir, pero que la tengo clara en mi mente. Estoy deseoso de ver parches en los atuendos, parches negros, purpúreos, rojos, blancos, azulinos. Significará la cima de la moda, lo más atractivo, lo más sugestivo, lo más inceremonial y profundo; el más elevado ideal del uso, modo o costumbre que estará en boga y perdurará].

-*Llegó la noche. El hogar y una buena ducha nos espera* -observó Helena.

(13)

Momento previo al ejercicio atlético

y décimo tercera salida.

"Tanta tribulación conventual, tanta vicisitud, tanto desgarro en el corazón del niño Alonso, me desasosiega".

-Esa novela gótica, quizá sea bella y misteriosa, pero ese espíritu burlón que se halla por encima de los humanos, me repele. Yo aplaudo la mística inocencia, el símbolo que engendra sensibilidad y hermosura -argumentó Helena. Y añadió-. El parque está deseoso de nuestra presencia. ¡Vayamos a él!

Dimas vio el parque igual que siempre, salvo que esa tarde había un grupo de jóvenes efectuando movimientos imprecisos de danza moderna. Seguramente, se afanaban para participar en algún concurso, una vez esté conjuntado.

-Estableceré contacto contigo, en la siguiente vuelta -observó Helena, alejándose presurosa de Dimas.

-El poeta fue por vino con mano temblorosa -comentó una moza a otra, que la acompañaba en el banco.

[¡Vaya! Es amante de la Poesía. Pero... ¿por qué con mano temblorosa? Una copa, perfectamente diseñada por un anciano alfarero en un rincón del mundo, aunque se llene de vino, es gloriosa y no tiene por qué temblar la mano que se la lleva a la boca. Podemos recogernos hacia arriba las mangas y, luego, beber hasta saciarnos del purpúreo vino. Quizá, porque él atiende al rodar del mundo, le tiembla la mano. Las enseñanzas filosóficas han atemperado su carácter; ahora se siente más humano, más libre, más justiciero. La copa de vino marca la línea divisoria entre la vida y la muerte. Aquella vasija con asas y cuerpo de mujer (mujer con los brazos en jarras) le absorbe. El poeta acaba de declamar un poema compuesto el día anterior. Es un poema que trata sobre la brevedad de la vida, la ternura de unas manos y la animosidad de unas gotas de lluvia en los cristales. Su cargazón verbal rompe fieramente con la monotonía. La amistad, el amor, la sencillez conforman el cuadro. Quiero pensar que no es un alcohólico, cuando va por vino con mano temblorosa. No, no lo es. Él levanta la copa llena y la observa meticulosamente; los matices y los reflejos de la luz en ella, le encandilan. El poeta no debe degradarse bebiendo vino (*Anacreonte, Omar Jayyam y Li Bai bebieron vino; Li Bai, vino extraído del arroz*). Observa la copa y recuerda cuándo sufriste la gelidez y el hambre; obsérvala aún más si ves lejano el porvenir. Genio y figura hasta la sepultura, mas habiendo gozado en vida, al menos, una copa de purpúreo vino].

-El sostener el ritmo en la carrera es fundamental -expresó Helena, dejando atrás a su esposo, el cual se secaba el sudor de la frente con una servilleta de papel.

-Son flores sonrientes, hermosas como hadas -expresó una damisela a la otra.

[El rostro sonriente de la flor, hermosura imitada por las hadas. Hay momentos en la vida para la Belleza sin mezcla, momentos en que el espíritu bebe de un manantial puro, transparente, cantarín. Tras la mirada espiritual, se desvanece la sensatez, el sentido común, y comienzan a vibrar innumerables sentidos, todos ellos rememorando días de juventud, días en que la vida no es río que corre hacia la mar, sino que se detiene y, abriendo sus invisibles ojos, examina la belleza de la Naturaleza toda. Nuestras vidas son ríos; nuestra contemplación un necesario rodeo al vacío. Las flores nos hablan de belleza y paz, de estructuras y formas inagotables, del vasto imperio de la ficción. Sólo me falta captar el candoroso espíritu de una flor. Cuando ella se abre, siento dentro de mí asombrosa liberación].

-He de mejorar los ejercicios de respiración, lo sé -observó Helena, tras adelantar a Dimas.

-¿Cómo controlar las riendas de la lengua y la pluma? -interpeló una joven de Letras a otra.

[El lenguaje. Sabed que mi pensamiento va por un sitio y mi expresión por otro. Sé que es una situación alarmante y no exenta de incomodidad, especialmente cuando dialogo y mi interlocutor no se entera de nada. Si trato de ponerle riendas a la lengua, la pluma pierde toda formalidad y garabatea delante de mis ojos. Hay un nexo entre pluma y pensamiento, hallándose libre mi lengua de decir lo que le plazca. Y si los pensamientos son oníricos, parece que la pluma bailotea sobre el papel, se esmera en acentuar el carácter, digamos que la anima un vigor desacostumbrado. He visitado al psiquiatra, pero él está mucho peor que yo. Me cuenta que cuando duerme, la lengua se le dispara, se oyen potentes imprecaciones, no dirigidas a nadie en concreto, son -¿cómo expresarlo?- palabras enfáticas, sonámbulas, que corretean por la habitación, por la vivienda y, finalmente, se dispersan por el jardín. El controlar la lengua es sumamente difícil; la lengua y la pluma, sincrónicamente, casi imposible. Anoche mismo, un espíritu maligno penetró furtivamente en mi habitación -¡el demonio!, claro está-, y, frunciendo el entrecejo, me provocó tres enojos, cuyas ilustraciones eran visibles a mis ojos. Me incorporé del lecho y mi pensamiento era tan inmenso que, mientras mi vista iba por la cabeza del asunto, mi lengua lo hacía por la cola. Mi articulación e inteligencia sufren un grave trastorno y no sé a quien creer, si a la pluma, cuando escribo, o a la lengua, cuando se expresa con claridad].

-*Ya nos cubre el manto de la noche. Sólo los noctámbulos aprovecharan su visión y discurso. Nosotros nos vamos a casa* -manifestó Helena.

(14)

Momento previo al ejercicio atlético

y décimo cuarta salida.

"Hay esperanzas de huida, Alonso mantiene correspondencia con su hermano Juan, a través del portero del convento. ¡Qué suplicio!", se dijo Dimas.

-Esa oscura visión del mundo, ese ritmo perverso, ese perderse en los andurriales del misterio, esa figura amorfa, insensible, inhumana... ¡Anda!, suelta el libro y vayamos al parque -declaró Helena.

El parque era un hermoso paisaje en una tarde espléndida, como aquella. En los parterres se tumbaban los jóvenes. Las sonrisas y estampas cariñosas se advertían por doquier.

-Comienzo mi ejercicio físico. Pon, tú también, todo el empeño en él - indicó Helena, yéndose por delante de su esposo.

-Cuando escucho la melodía del arpa... -dijo un hombre a otro, ambos expertos en música.

[Me recuerda aquella poesía de Fray Luis de León[5], que dice así:

El aire se serena

y viste de hermosura y luz no usada,

---

[5]   Fray Luis de León, fragmento de la poesía *A francisco Salinas*.

Salinas, cuando suena

la música extremada,

por vuestra sabia mano gobernada.

(…)

La música (melodía, ritmo y armonía, combinados) nos pone en íntima conexión con el fluir del universo, con el dinamismo de la materia cósmica, con un quehacer que se va fraguando a lo largo de miles de millones de años, sin que nada pueda desbaratarlo. De esos sonidos remotos también participa la vida, la generación de seres diversos, en todos los medios posibles. Sonido y vida conviven desde la hora primigenia. Cuando escucho la melodía del arpa, un tumulto de sensaciones se agolpan en mi mente, y todas ellas me retrotraen a tiempos antiquísimos donde la luz, la oscuridad, el frío y el calor aún permanecen indelebles en mi interior. Uno, cuando escucha semejante combinación de sonidos, cuando se deja llevar por el hilo de la consciencia cósmica, se siente parte material de la grandiosidad ilimitada, de la generación de sucesos y seres que dejaron y dejan su signo en el espacio sideral. El arpa es un instrumento sideral, su música no es sino música de revoluciones, explosiones, implosiones y de viajes asombrosos de la materia. Ésta alcanza su fin último, cuando se dota de vida y de conciencia. Las manos que tocan el arpa y logran que asciendan sonidos jamás oídos, son *manos níveas*, manos que vislumbran el dadivoso concierto universal. Sin música nuestro nervio se inquieta, no puede viajar la imaginación por mundos redondos, no puede liberarse el caudal de nuestra imaginación. Ese son eviterno que atraviesa nebulosas, firmamentos y mares, llega hasta nosotros con su acrecido esplendor].

-Te veo más animoso, más veloz que otras tardes -observó Helena, alejándose de Dimas.

-Aquel pájaro tenía una cresta con penacho -expresó un anciano a otro.

[Supongo que ese pájaro no está entrecomillado. Hay pájaros que, merced a su vistosidad, parecen provenir de un paraíso, y aunque son aves extraordinarias que transmiten al hombre agradable impresión, no desean mantenerse aparte de los asuntos mundanos. Se dice que algunas son capaces de medir su verbo con el del vate, que tanto sus vuelos como estadías exceden toda costumbre y norma convencional. Ese pájaro que tiene una cresta con penacho, es el rey del canto de los cuentos populares de las aves. Si alza su cresta y emite un sonido semejante a un gruñido, es que ya tiene en mente aquella larva solitaria que, una vez, le rogó que exterminase a aquella polilla barbuda. *"Has de saber, querida larva -comenzó diciendo el pájaro con penacho- que ningún exterminio está justificado. Comprendo que, para ti, esa polilla esfíngica semeje un diablo surgido de las tinieblas, un insecto de la negrura, un volador malévolo y sombrío, proveniente del abismo. Le exhortaré a que te deje en paz -tú pronto dejarás de ser larva- y ansío que no perdure su recuerdo en tu memoria"*].

-*Conozco este lugar como la palma de mi mano. La pista despide tanto calor...* -observó Helena, dejando atrás a Dimas.

-*No, porque el dar rienda a un mal significa la ruina* -razonó una anciana a otra.

[Al mal, sin duda, hay que ponerle grilletes y confinarlo en una mazmorra, lejos de la cariciosa luz del sol, de los aires saludables... y de los escaparates. Últimamente, son tan vistosos, tan ingeniosamente diseñados los escaparates que el mal se detiene ante ellos, los mira y remira, al tiempo que enmarca el entrecejo. Parece que los escaparates aportan ideas (negras ideas) al mal. El mal es sumamente atrevido e inteligente: siempre responde con soltura, fluidez y, a veces, hasta se pone estupendo. Yo, una vez, me topé con un mal y le dije: *"Ponte cómodo; preparé una infusión de manzanilla para los dos -el mal me remueve el estómago; de paso suavizaré la excitación de los jugos gástricos-. Por cierto, nadie se acerca a ti, ni te dirige la palabra, salvo yo, ahora, y si te miran fijamente, se descomponen sus rostros. Huyen de ti, como el fuego del agua, como la risa de la severa religiosidad, como el ratón del gato. No obstante, te concedo que eres astuto, endiablado y que, aun siendo errante, planificas tus fechorías cual un estratego de vasto alcance -hice una pausa-. Acabas de tomarte esa falsa infusión que, en realidad, es una pócima para ahuyentar el mal de sí mismo. En resumen, que desde este instante huirás de ti mismo"*].

-Noche serena: ¡cúbreme con tu suave manto! Somos mortales, seres de una galaxia que cree en el amor, en la justicia, en el cristal... Bueno, ya es hora de buscar cobijo entre paredes íntimas -observó Helena.

15

Momento previo al ejercicio atlético

y décimo quinta salida.

"Calabozo, cripta, tribulaciones sin fin. La visita de la extraña voz. Alonso es víctima de una ilusión diabólica que dicta: < Ponte bajo mi protección >*"*, *dijo Dimas a sus adentros.*

-Románticas y perversas narraciones, estímulos procedentes de las tinieblas, luces y sombras que te mantienen en vilo. ¡Ea!, suelta el libro y vayamos al parque -expuso Helena.

El parque, sitio habitual de ejercicios físicos, estaba muy concurrido. Jóvenes parejas se besaban, reían o cantaban.

-Comienzo mi carrera, sin ningún discurso interior -observó Helena, dejando atrás a Dimas.

-Su estilo es incoherente -expuso un joven a otro.

[¿Acaso ya ha leído este libro que escribo, o soy incoherente en todos mis libros? No creo que se refiera a mí -no soy presuntuoso-, yo soy astuto, mordaz, inesperado, atrevido, un agente provocador con un lenguaje subrepticio, pero jamás un ser que se explaya con inagotables incoherencias. Por cierto, hasta ahora nadie ha leído alguno de mis libros publicados, ¿por qué será? ¿Será que presienten sus contenidos anodinos? Quizá. Uno nunca sabe si el genial lector (el esforzado, el que lee verdadera literatura) se atreverá a leer la primera página del libro recién escrito, y, tras la primera, las siguientes. El satisfacer los caprichos o deseos de los lectores de libros es imposible. Prefiero no garabatear, antes que volverme loco. Seguramente, la gente que escribe no es gente plenamente cuerda. En ellos hay hendiduras por las que se cuelan e instalan en su razón tremendas locuras, psiques horribles y enajenantes, desdoblamientos y extrañas acupunturas cerebrales].

-*¡Cómo sudo! Estas servilletas de papel son muy necesarias -observó Helena, alejándose de su esposo.*

-*Ella no es una actriz de profesión -aclaró una anciana a la otra.*

[Sin embargo, interpretaba excelentemente los papeles que le daban. El teatro -un teatro para ancianos pensionistas- tenía un patio con cuatrocientas butacas; el escenario era grande, en proporción al salón y, detrás del teatro, había una biblioteca de la que se podía solicitar el préstamo de libros. Se estrenaban comedias de la posguerra y algunas zarzuelas. En las zarzuelas necesitaban contratar un pianista y alquilar el piano. La tramoya era suficiente y los decorados se escogían y alquilaban acordes con la obra. Aunque no fuese una actriz profesional, había participado en tantos dramas, siendo la protagonista femenina, que ya se mostraba como actriz avezada. Recuerdo al anciano apuntador, alojado en su diminuta concha, con su voz suave, nunca grave, apuntando la letra al intérprete que sufre un olvido.

¡Miedo escénico! Sí, sé lo que es, lo he sentido; es una sensación esquiva, distante, como si el hecho no fuera con uno. De repente, te quedas inmóvil y observas el patio de butacas, ves luces, rostros y adviertes que tu presencia es inoportuna. Se oyen ruidos y una potente voz -sin duda la del director de escena- que avisa: *"¡Silencio, por favor!"*. La caracterización de un personaje -si es profundo, excéntrico, mejor- es una experiencia significativa. Uno aprende del personaje, encontrándose así mismo. Para actuar, uno debe encontrarse a sí mismo, explayándose y solapándose -sincrónicamente- con la idiosincrasia del personaje. La sociedad necesita un test de lo espurio que ha ido medrando en ella; y ahí interviene el dramaturgo, el comediógrafo, el creador de una obra dramática. Lo espurio es abominable, es torcedor de destinos, desbaratador de verdaderas causas; de alguna manera, mantienen las tinieblas en ella. Pero un dramaturgo es más que un profesor, más que un conferenciante, es un juez imparcial, un observador cuya mirada va hacia el núcleo, la raíz del mal, de la desviación, de la desnaturalización. Viaja por el espacio social, como un satélite, mientras el mundo duerme. Enciende una vela que representa al proscenio, mueve la figurilla en un escenario informal y, tras breve declamación, valora la sugestión hipnótica que provoca. La figurilla está representando la escena del clímax, aquella en que el espectador debiera sufrir vértigo. Todos los conflictos y debates han sido presentados; la fuerza de la obra es incuestionable. Ha menudo, para desnudar la falsedad se hace necesaria la mordacidad. Hay dramaturgos tan mordaces que uno, al presenciar la escena clave del libreto, no sabe si romper a reír o llorar. Estos son grandes, excelentes, necesarios. Sin teatro de autor no hay contraste; sin dramaturgos de importancia, la sociedad fluye sin un horizonte racional (suelen ser horizontes interesados), como si sus miembros fuesen oscuras marionetas, cumplidoras de altas disposiciones, nunca verificadas en un escenario real].

-*¡Vaya calor! Hasta mis brazos trasudan -observó Helena, adelantando a su esposo.*

-*Nos abrasaremos en el crisol de la vida -declaró un anciano a otro.*

[El crisol de la vida: donde se funde uno, como en un horno. Pero, ¿por qué una expresión tan tremebunda? Uno debe ser feliz en las tortuosas aguas de la vida; si no fuera, al menos dentro de uno. Todo es tan vasto, tan diverso, tan complejo; pero tenemos una mente sobresaliente, un ímpetu abrumador, unas ganas de llevar la nave de la Humanidad a buen puerto (por lo menos la mayoría de los mortales). Si se le toma el pulso a la sociedad (para ello, recurriría al dramaturgo antes mencionado), y se descubre que su latido es caprichoso, más vale cesarse uno mismo, como miembro de ella. Esos intereses creados (generalmente partidistas) lo empozoñan todo, convierten a la sociedad en un navío que tiene una mancha en el ojo. Se hace necesario avanzar de manera perseverante, ¡pero transparente, límpida e iluminada!

Todo no está permitido, no se puede implantar cualquier cosa (algo que no se ha consensuado ni valorado en su medio), sin ninguna restricción. La sociedad está compuesta por capas; pero resumiendo: está la alta (la de los ricos) y la baja (la de los pobres). No obstante, si está dirigida por el capital y éste no tiene un contrapeso social, el resultado es desequilibrante, amenazador para las capas bajas. El equilibrio social, La igualdad social, la paz social, la justicia social... son valores inalienables y que no deben obviarse].

-Irrumpe la noche, se encienden las farolas y yo me siento fundida. Sin comentarios, nos retiramos al hogar -expresó Helena.

16

Momento previo al ejercicio atlético

y décimo sexta salida.

"Satanás visitando el convento. Alonso es denunciado como profanador
del convento. La febril excitación de Alonso", dijo a sus adentros, Dimas.

-Una luz negra surge del insondable abismo. El mal comienza a reinar a
sus anchas -expresó Helena. Y añadió-. Suelta ese libro nefando y vayamos
al parque.

El parque, como espacio de exhibición atlética, de danza y de música,
cobraba valor. Se había convertido en un espacio íntimo a la colectividad.

-Todo lo veo confuso, mas la carrera es fundamental -expresó Helena,
alejándose de Dimas.

-En plena fiebre creadora se olvidó de sí mismo -dijo un hombre maduro a
otro.

[¡Magnífico! Lo felicito. Gracias a ello, su obra fue grandiosa, maestra,
clásica para los siglos venideros. Si no se hubiese olvidado de sí mismo, de
sus ataduras, de sus ligaduras, de la ancestral idolatría del dinero, de esas
bebidas alcohólicas que presentan los hechos pero deforman la percepción de
la realidad, ¿sería un espíritu librepensador? Un escritor debe ser
absolutamente libre, no depender de nada, y registrar aquello que considere

conveniente de ser publicado. Quienes corrompen los valores sociales tendrán ante sí a un luchador, a un obrero de la palabra, a un fingidor fiel a la humanidad. Él tiene muchas ocurrencias significativas, ocurrencias que desvelan, que desnudan la falsa envoltura, que completan un camino verífico, que sostienen las columnas de la justicia social y de la serenidad. No le importunes. Es medianoche y se ha levantado del lecho (si está casado, su mujer duerme), a terminar el capítulo de la novela o el poema que tiene en la mente, pero que no ha fijado en el papel. ¡Dejémosle escribir! A veces, se pone los auriculares y escucha música (música de los 60, de los 70 y de los 80). Esa música le sirve para acompañar su ritmo poético, para ahuyentar espíritus malignos de la noche, para matizar la frialdad de ese huésped nocturno, para precaverse de todo lo que existe en el mundo (de lo malo y de lo bueno, en apariencia). Si lo dejamos tranquilo, seguro que su libro será de gran valor, satisfará a muchísimos lectores, y, para los tiempos venideros, será, sin duda, una joya cultural. Él, en el punto culminante, ha visto un insecto de la humedad bajando por la pared pintada; eso no ha sido un regalo para sus ojos. En ese insecto se ha camuflado un demonio (se dice que los demonios también son capaces de alojarse en un guisante), que ya vislumbra la figura de su combate. Hay que escribir, desde luego, pero, además, mantener la vigilancia nocturna. No se piense que mientras uno escribe, se tiene presente el índice de los precios, el coste de la guardería infantil, o de si acaba de subir el precio del tabaco (ahora, en lugar público, no se puede fumar). Se ha de garantizar la libertad de expresión, por tanto, ese insecto silencioso que desciende por la pared la está interrumpiendo por momentos. Mientras desciende, sus alas se hacen más grandes; ahora tiene solamente cuatro patas y el alargado cuerpo se deforma. Ya no es hora de buscar protección (un guardaespaldas, un vigilante de fuertes puños). ¡Deja de lado los asuntos financieros y mírale el horrible rostro! Estás en un apuro, y ni Dios ni Buda saldrán en tu ayuda. ¡Sigue escribiendo! Aparenta que no te importa su presencia, que no te incumben sus asuntos, que tienes una tarea ineludible. El demonio sólo se asomará a tu rostro, cuando tu mirada se aleje de la página o del ordenador (si escribes a ordenador). Mantente en tu sitio. Por muchas serpientes que se muevan a tu alrededor, sigue escribiendo, no te detengas. Aunque se yerga y toque el techo con su coronilla, no te inmutes, vocaliza tus versos más sobresalientes, o ritma las frases que pueden transformar la concepción del mundo. Lo tienes al lado, ojeando lo que escribes (Él sabe leer todos los idiomas), borra lo de *'demo'*. Si hubieses escrito completa la palabra, nada podría salvarte. Sigue escribiendo y no trates de mirar de reojo. No puedes huir del despacho, ni nadie vendrá en tu ayuda. ¿Puedes escribir algo más entusiástico, algo más sensacionalista? Si ahora hicieses la semblanza de un vampiro y escribieras un episodio en que él perdiera, lo tendrías dominado. Él no se movería y leería impaciente hasta el final. Ellos también quieren saber lo que pensamos de los seres de negra estampa, de su abismo, de su errar noctámbulo, de los fuegos, aguas bautismales y ristras de ajos que les ofenden hasta recular. Creo que, ahora, lo tienes a tu disposición. Le ha encantado el relato, se siente orgulloso de los súbditos de su especie. Su orgullo es insaciable (como su sed de pactos humanos)].

-Tras la primera vuelta, todo lo veo más borroso -observó Helena, dejando atrás a su esposo.

-El enigma del universo nunca se resolverá -declaró un anciano a otro.

[Ahora, sobre el enigma del universo. ¿No podéis predicar cosas más sencillas? *'El enigma del universo nunca se resolverá'*. ¿Para qué resolverlo? Tal y como lo concebimos ahora, está bien. Si uno se yergue hasta tocar con las yemas de los dedos los límites del universo (no es seguro que tenga límites), todo se derrumbaría. La imaginación caería desastrosamente, la intuición se perdería en laberintos infantiles; la razón, con toda su facultad, haría mutis por la puerta oscura. Para evitar todo éso, ya consideran universos paralelos (si no puedes abarcar uno, ahora tienes dos). A mí no me la darán con queso. Mi escritura -quiéralo o no- siempre es en aras de la paz. El universo. ¿Qué es el universo? Es semejante a una bomba incendiaria, un espacio infinito donde corretean mensajes de un extremo a otro, donde se replican y repercuten las cadenas (a veces, los seres). Lo de las explosiones e implosiones son cosa semejante al humano bostezo. El abrir y cerrar la boca es propio de los seres en movimiento, dinámicos, ricos de expresión. Así como no puede existir un universo metido en una botella, fabricada por un anciano, tampoco puede existir un universo que se delate a sí mismo, que confiese sus irregularidades, el porqué de esos fríos y de esos calores, el porqué de un arco iris que sólo puede inspirar a los niños, el porqué de tantas sustancias, de tantos colores, de tanta revolución... de tanta expansión (¿hacia dónde, pues si tiene límites, esa expansión se convertirá en regresión?). Hay quien hace comparaciones entre el universo y el billar de carambolas *(el de troneras no vale. Un cuerpo sideral no puede salirse de los límites; puede ser absorbido por una agujero negro, pero jamás salirse de los límites)*. El enigma del universo es necesario mantenerlo. Aunque yo pudiera descifrarlo, no lo comunicaría. Si lo comunicara, todo el mundo hablaría de ello: que si el universo es un camelo, que no me lo esperaba, que jamás pude alcanzar semejante intuición, que los científicos erraban en sus cálculos, que el universo no es el centro geométrico de todo lo existente, que los viejos modelos del universo eran cuento de cuentos, que lo de la paridad es, sencillamente, un salto en el vacío. Pregunto: ¿Es absolutamente necesario que alguien nos diga cómo es el universo? Yo pienso, que no hay necesidad de más palabras superfluas, de más sentidos deformantes, de más escalas parvularias, de horizontes que desaparecen como por arte de magia. ¡Basta ya! Que si es esférico, que si es elipsoide, que en sus bordes se escucha una música que puede causar estragos a quien la oiga. Todo es pura invención. Verdaderamente, todo lo dicho y conocido del universo es un cuento de hadas (aún no ha aparecido el hada, pero lo hará). De los umbrales que existen en él, no quiero ni hablar (mucho menos, de los *portales o túneles de gusano*). Lo que se dice acerca del universo, empieza a parecerse a *Las mil y una noches*. ¡Que no!].

-*Me siento esparcida por todas partes y acariciando los bigotes de un triste tigre* -manifestó Helena, alejándose de Dimas.

-*Andaba vestido de andrajos* -expresó un hombre a otro.

[Mientras no se atente contra las normas morales y cívicas, uno va como le dé la gana. Pero no. Ya sé que la cuestión no es esa. La pregunta sería, ¿puede o no puede comprarse un ropaje nuevo? Aquí entramos en lo crematístico, cosa que no me divierte. Hace varios capítulos que dejé atrás al caballero don dinero. Y me repugna retomarlo. Él es un caballero singular, solamente procura para sí mismo, sin importarle un bledo lo que suceda a su alrededor. ¿Hablo claro? Ya me podrían dar de latigazos, que mi aversión al caballero don dinero no cambiaría. ¿Que no me cree? ¿Quién es usted, un usurero?

-Soy un hombre que ha rodado medio mundo -me replica ese extraño personaje.

-En ese caso, sabrá que tal caballero es idéntico en sus quehaceres y costumbres, en todas partes.

-Olvida usted que, sin ese caballero, el mundo sería un terrible inconveniente, un defecto de la naturaleza humana, la esclavitud de toda aspiración, un mero e insoportable alarde de igualdad; un modelo roto, frente a sí mismo. Puesto que este es el único mundo conocido (jamás ha habido otro) es, sin duda, el estándar, el estricto: signo de florecimiento y prosperidad. Otro cualquiera (suponiéndolo posible) sería mero espectáculo, banal en su esencia, de un dinamismo epidérmico, caricatura de un verdadero y modélico patrón, donde las iniciativas serían risibles; el ensalzamiento personal y meritorio, un hazmerreír, las nuevas escuelas de pensamiento... ¿para qué? El Arte, la Filosofía, la Ciencia, la Tecnología, el Teatro, el Ensayo, las Matemáticas... todo ello se entendería como un sinsentido, para un mundo uniforme, colapsado en su nacimiento, enfermo, morboso, doliente, incapaz de reconocerse hoja caduca, un mundo sin pulso, sin amplitud de onda, sin un rumbo de progreso, sin provecho para nadie. ¿Quién puede desear un mundo tan amorfo?].

-*Hemos puesto tantas esperanzas en la carrera, tanto esfuerzo, tanto frenesí... Se encienden las farolas. ¡Retirémonos!* -expresó Helena.

(17)

Momento previo al ejercicio atlético

y décimo séptima salida.

"Visitas del espíritu del mal, por la noche, a la celda de Alonso, el niño de las blasfemias e imprecaciones", se dice Dimas.

-Esas oscuras ceremonias, ese respirar que todo lo amarillea, esa nebulosa que gira y grita... -expuso Helena. Y agregó-. El parque nos espera ansioso, con sus efluvios.

El parque, insensible al afecto de la pareja, parecía dormitar. Hojas caducas se arremolinaban o amontonaban en sus riberas. Al echarle un amplio vistazo, Dimas pensaba en un atardecer de lo caduco, en un viento agitando su inexorable estertor.

-Con este penoso ánimo correré. El viento sabrá de mi empeño -observó Helena, alejándose de su esposo.

-¡Este mundo está lleno de sinvergüenzas! -declaró un anciano a otro, al tiempo que Dimas pasaba cerca de ellos, sudoroso.

[Bueno, no todo el mundo. Que hay sinvergüenzas nadie lo discutirá, que el mundo sufre descalabros, quién sabe dónde originados, tampoco. Es una contradicción no resuelta el estar en malos términos con el mundo, y los supuestos sinvergüenzas forman parte de él. El responder con un lenguaje explícito a la sinvergonzonería, se me hace cuesta arriba. Uno aguanta y aguanta, padece tribulaciones, soporta ignominias, las ofensas injustificadas le provocan depresión, las jugadas siniestras a ras de suelo, lo tumban. No sé qué añadir. Todas las tendencias malsanas me ponen furioso. Cuando todo iba viento en popa, surge la perspectiva sombría, modelada por un sinvergüenza. Y, ante eso, mi mundo se desmorona, pierde la concordia, se entumece... la imaginación se precipita desde un acantilado, haciéndose añicos. ¡Cómo se puede hablar, considerando este asunto, de benevolencia! ¿Benevolencia con un sinvergüenza? ¡Apaga y vámanos, que la noche es fría y los nocherniegos limitan nuestra osadía! Lo inaceptable -empírica, estratégica y desde el punto de vista fraseológico- es que el acto del sinvergüenza surta efecto. Deberían existir cortapisas invisibles (para que él no pueda advertirlas en el momento de su ejecución), a la sinvergonzonería. Cierto que tales individuos no son incompetentes, realizan su trabajo con esmero y dedicación, considerando posibles contratiempos, detalles, desplegando inusitada energía, como si les fuera la vida en ello. Entre lo lícito y lo ilícito, el sinvergüenza no ve diferencia alguna. Es más, el hecho ocurrió cuando él se hallaba a cientos de leguas de distancia. Si se propaga tal enfermedad -consideraré a la sinvergonzonería una enfermedad-, el mundo será un caos, un espacio donde sólo la enigmática risa brillará con luz propia].

-Corro con todas mis fuerzas y no hago más que desmoronarme -observó Helena, dejando atrás a Dimas.

-Sin temores ni esperanzas, me marchito -confesó un anciano a otro..

[¡Vaya! Habla como si se tratase de una flor. Sepa que la vida, en sí misma, ya es un acto de esperanza. ¡Está vivo y ríase -sólo gravemente- de la secuencia rítmica de cualquier poema! Le supongo unos setenta años, diestro en resolver acertijos y en embetunar zapatos. ¡Qué más quiere! Bueno, es buen lector, conocedor de la agricultura, perspicaz, incrédulo respecto al progreso, siempre dispuesto a penetrar en la raíz de lo más abstruso, despiadado con los corruptos, asaeteador de demagogos, crédulo en el País de las Hadas. Lo dejaré ya, porque la relación puede alargarse mucho. En la vida se sufren presiones frontales, laterales y colaterales. Uno no deja de sufrir alguna presión en cualquier momento. Yo, en tales situaciones, suelo mirar la dirección del viento, de los vientos económicos y socio-políticos, claro está. De nada sirve construir defensas en profundidad, uno se marchita como una flor, y ya está: de la cuna a la tumba, sin ningún compromiso. Otra cuestión sería la del hombre que se marchita en paradero desconocido. Marchitarse en paradero desconocido, es algo así como existir sin ser advertido. Después de un vaso de vino purpúreo, uno sabe que la vida es un instante de vuelta atrás: al origen. Materia sin risa, colisiones corpusculares, viaje como onda de luz sin registrar. Que uno se marchita, que cae como fruto incomestible de la rama del Gran Árbol, bueno (como dice el personaje de aquella comedia: *Nadie es perfecto*). Se acaba la vida, llega nuestro final, se encrespa nuestro universo interior y mares procelosos se agitan en defensa del signo que fielmente representamos].

-Todo, para conseguir una figura esbelta, un cuerpo ajustado al patrón de belleza -expresó Helena, dejando atrás a Dimas.

-Eran los últimos días de rebajas -objetó una anciana a su compañera de banco.

[Rebajas, sí; rebajas. En estos días, mejor decir rebajas sobre rebajas. Está todo tan rebajado que a uno le cuesta entender la sibilina luz que alumbra al mundo. De tanta rebaja, alguien será brutalmente desempleado. No quiero pensar en ello. En una producción global (nos hallamos en la era de la globalización), sería conveniente rebajarlo todo, sin despedir de su trabajo a nadie. A uno le vibra la voz, cuando oye: *"¡Aceptado!"*. El rostro del mundo sería otro, si en tenderetes, tiendas, galerías, supermercados y pabellones varios, todo estuviese rebajado. Se debería incentivar al especialista en rebajas, mimarlo como alguien preocupado por el bienestar de la clase humilde (de la capa baja, ¿recuerda?), halagarlo, conducirlo hasta los micrófonos más sutiles, para que los altavoces más potentes puedan amplificar el verdadero discurso que interesa a nuestro mundo. *El sueño eterno es algo parecido a un día de rebajas.* Es morirse de alegría, contactar con la correcta faz del mundo, captar una tendencia saludable, tras la que nos deshacemos en suspiros. Para realizar progresos hay que dar pasos de gigante *(me refiero a progresos que afecten a toda la sociedad, no a aquellos que tienen conexión con paraísos fiscales, maestros de los entresijos).* Mi experiencia personal me dicta que el paso del tiempo no da frutos, sino el esfuerzo, el tesón, la aquiescencia... Un día de rebajas viene a se como una función de teatro gratuita. Pero una función excelente de teatro, no cualquier bazofia. Uno se levanta el primer día con un rostro desacostumbrado, merced a su candidez. Toma su zumo, coge un poco de dinero, la bolsa y se va animoso al emporio, o al gran edificio repleto de tiendas. Cuando abran la puerta, aquella aglomeración de gente irrumpirá en el verdadero paraíso de los pobres, dado el aviso de ¡*Rebajas!* En algunos, su semblante será de plena satisfacción, de ilusión alcanzada, de recuperación del buen humor. El libreto del cantor de baladas, ahora queda en cuarto término. El gallo ha cantado por tercera vez, se hace indispensable que valoremos la infinita gracia que llevan asociadas las rebajas].

-Noche oscura y reservada. Misterios se albergan en ti. Es hora de nuestra retirada -manifestó Helena.

18

Momento previo al ejercicio atlético

y décimo octava salida.

"El jardín se ha convertido en su constante refugio. Recibe esquela del hermano", dijo a sus adentros Dimas..

-Lúgubres regiones del abismo: ¡dejadme en paz, apartaos de mi mundo! Vuestro negro esplendor oscurece mi mente, y toda yo, en vez de cuerpo, soy un simple hueco -discurrió Helena. Y añadió-. Cerca hay un parque que levantará nuestro ánimo.

El parque, más silencioso que de costumbre, no mostraba su rostro. Dimas trató de ahondar en ello, pero una vaga impresión le distrajo.

-Ni murmullos recónditos, ni extrañas nubes, ni profundos abismos me detendrán. Comienzo mi carrera -expresó Helena, dejando atrás a Dimas.

-El pícaro fue un modelo para el canalla -sentenció el anciano de barba blanca a su compañero de banco.

[¡Anda! ¡De qué manera se ha apropiado de mi más íntimo pensamiento! El conocimiento de la gente sencilla, es insuperable. Son capaces de discursear acerca de lo sobrenatural, como de la política más reaccionaria. La modernización está bien, mas la superación del nivel de vida es otra cosa. Hay puertas que se abren y puertas que se cierran, de sopetón. Hay metas visibles y claras, en este momento, que se convierten en horizontes difusos, donde ya no penetra la luz del sol. La conocida cochinilla de la humedad (es otra que aquel insecto de la humedad, de marras), me lo ha repetido muchas veces, de este modo: *"Una cosa es lo que es, lo esencial de su naturaleza, y otra, bien diferente, es su apariencia, su verborrea, su aciago compromiso"*. Y yo la creo, porque es una cochinilla pobre, sobrevive con muy pocas cosas, casi sin ilusiones. Pero es inteligente, seductora; sus pensamientos van mucho más allá de cualquier horizonte de sucesos. Ella no se burla de la historia, se burla de la corriente histórica actual. La he dicho, muchas veces: *"Sé prudente. Hay por ahí inspectores, espías, descifradores de criptogramas, gente que se pasa la vida adivinando lo que no has tratado de decir, para inculparte"*. Ella me respeta, somos intelectualmente afines. Imaginad la benevolencia con que la observo: sigo sus pasos con la mirada, hasta que se interna en resquicios donde yo nunca podré estar. ¡Ay! La cuestión o tema iba sobre los canallas, lo sé. Hasta el mero concepto eriza los cabellos. Podrían derretirse, como la nieve, y dejar en paz al resto de la población. ¡Pero... no! Están ahí, perpetrando ilegalidades, abriendo brechas prohibidas, gozando los frutos del trabajo ajeno].

-*Siento como una cascada de agua cristalina precipitándose en mi rostro -observó Helena, alejándose de su esposo.*

-Pero el hombre también está en conexión con la íntima oscuridad - *reflexionó el hombre maduro. Su compañero de banco, asintió.*

[¡Siempre! La oscuridad, las tinieblas extienden sobre nosotros su negro manto. De su domino aprendemos, pues nos obliga a retirar las reglas rutinarias, todo lo inservible, todo el bosque de fórmulas inútiles. Ella nos pone firmes, nos alienta a disipar prejuicios, a liberar nuestra adultez. Sin el apoyo de la oscuridad, la partitura está incompleta. No se puede escuchar de todo corazón las críticas de las masas, sin el claro vínculo con las tinieblas. Ellas acercan, completan, asumen su participación. Son las únicas que admiten errores y, acto seguido, los subsanan. Sólo en las tinieblas es uno mismo, sin límites, sin convenciones y casi sin metáforas (las metáforas son siempre necesarias; sin ellas no se pueden explicar muchas cosas). En estado de tinieblas, el hombre puede adivinar maquinaciones, estratagemas, caprichosos desvaríos. Para volar a gran altura es indispensable pasar por la antesala de las tinieblas. Allí te dan una comida frugal, te colocan unas alas sedosas y te anuncian: *"Es el momento de verle el rostro verdadero a tu mundo; vuela y siente, vuela e intuye, vuela y registra toda anormalidad"*. Yo pasé por allí, una vez. He ahí mi vena nocturna, el verdadero conocimiento que no luce, al que nadie atiende. Pero tarde o temprano, se impondrá un pensamiento originado en las tinieblas].

-Estoy cansada, sudorosa. Mas no me detendré -expuso Helena, dejando

atrás a Dimas.

-Viajó como en una onda de luz -expresó el anciano de negra gorra, a su

compañero de banco.

[¿Hacia dónde? ¿Puedo probarlo yo? Me parece que lo de la sinceridad

absoluta, no es de interés general. Y, por si fuera poco, alguien viaja como en

una onda de luz y no se difunde semejante noticia. Será un camelo. Todo se

desmorona y solamente lo siente mi bolsillo. Si pudiera viajar como en una

onda de luz, no se cuajarían las lágrimas en mis ojos; me desbordaría de

alegría, y mi oprimido corazón, se aliviaría. Buscaría en los agujeros negros

(algo hay en ellos de confusión, de secretismo, de mírame pero no me entres),

en todo lo que se regenera (en la sociedad, lógicamente, no), en los atisbos de

imperios que se vuelven continuamente hacia la luz del día, en los orbes que

jamás soportaron guerras, ni se desviaron de la confianza general (en

particular de la del pueblo llano). Obrar como un hombre de bien, sería, para

mí, el viajar como en una onda de luz. Irradiar alegría, sentido común,

justicia social. ¡Adiós a esas miradas fruncidas, tristes, derrotadas! ¿Se

referirá a que viajó como una onda de luz dentro de la libertad de prensa?

Hay que sacar a luz todos los chanchullos, irregularidades, los brotes

fraudulentos que nacen en entes prominentes. Es innecesario que la sociedad

civil sufra una hemorragia de consideración. Extraigamos el polvo del ambiente, dulcifiquemos la expresión social; manejemos los asuntos cotidianos con honradez. Sólo así nos alejaremos gratamente del momento crítico. Por cierto: el acumular para uno, sin más, es perjudicial; cuánto mejor sería repartir, diversificar, contagiar a la gente de que la sociedad la conformamos todos, no unos pocos, económicamente agraciados. No me vestiré de etiqueta, salvo para ensalzar acciones sociales encaminadas hacia el bien general. *"Usted, acumulador, usurero, mezquino, ¿pretende contagiarme con su enfermedad?"* No me viera yo contando monedas, deslizando suavemente las yemas de los dedos por sus caras y cruces, adivinando un porvenir en que, en el portal de mi casa, cuelgue una grandiosa moneda multicolor, con bajorrelieve, y miniaturas conventuales. ¡No! ¡Hasta ahí podíamos llegar! Usted debe contagiarme con semblantes de flores, con despliegues de arcos iris, con lotos amarillos y blancos que reposen honorablemente en la superficie de lagos y estanques. ¡Y que nadie caiga en la miseria! Caerse en la miseria es como caerse en una charca, no formada por el agua de lluvia, sino por nuestra incompetencia cívico-social. Me duelen los ojos; ya pienso en la tierna almohada que acogerá sin disgusto el peso de mi cabeza, una cabeza pionera en adentrarse en lo hondo de la sociedad y del alma. La riqueza de la sociedad la crean los trabajadores, no los corruptos ni los granujas].

-Noche de bienes. Algún kilogramo habré perdido. Mi silueta es ahora más atractiva. El hogar, dulce hogar, alarga sus brazos para atraernos -expresó Helena.

19

Momento previo al ejercicio atlético

y décimo novena salida.

"Desde dentro del convento, un ser extraño le ayuda a escapar", dijo para sí, Dimas.

-Rayos de luz de otras dimensiones bañan mi rostro. Siento en mis adentros dulce excitación de mariposa jubilosa -expuso Helena. Y agregó-. Un parque sin inhumano rostro nos espera.

El parque, con su invariable estampa, acogía a la pareja, abierto por completo al ánimo de la gente.

-Ya todo sale y entra como una sombra. Nada es lo que parece. Lo inconcebible se descubre en su escrupulosa palidez -expuso Helena, alejándose de Dimas.

-Y aquel árbol seco recobró su vitalidad -expuso el anciano al otro, que le acompañaba en el banco.

[Así como los plantones han sobrevivido ante la adversidad, también el árbol seco recobró su vitalidad (misterio de la vida, que no milagro). Cuando alcanzamos la madurez, nuestro conocimiento y experiencia de la vida nos dicta andar despacio, en vez de correr deprisa abriéndonos paso. Los árboles, como las personas, también perseveran, tienen esperanza: nacieron y anhelan seguir viviendo. Es una exigencia instintiva, que en los vegetales tiene que ver con la raíz y la savia. Sólo en la senectud nos dejamos llevar, agotada toda vitalidad. Cuando pienso en los árboles, paréceme que aspiro al firmamento. Entonces vislumbro una vanguardia en la Tierra, que lo endereza todo, que convence con sus hechos, y todo el mundo se siente imbuido de júbilo. Sólo los árboles me producen esa sensación, ese estímulo espiritual. Sólo es admisible el evocar cosas excelentes del pasado, aquellas que nos convulsionan, no es necesario traerlas a la memoria. Hermosos bordados y brocados del pasado, iluminan mi espíritu; gracias a su perfección y sencillez; son frutos de un pueblo próspero y lúcido. Por el contrario, las tendencias viciosas me sulfuran. Entre los árboles y yo -volviendo al asunto principal- existe un nexo no explicado, y es que somos de la misma condición legal, del mismo fuste, de la misma rectitud: ambos mirando al cielo. El mantenerse dentro de la legalidad, parece que no conviene a todos. Los árboles no sólo desprenden oxígeno, nos fascinan con sus formas, con su variedad, con su compromiso fotosintético, con su crecer sin enredos. Estoy en condiciones de afirmar que son los seres más espirituales del mundo].

-No me quejo de nada; estoy sudorosa, mas me lo callo. He de acelerar el ritmo -declaró Helena, alejándose de su esposo.

-Hablas más que un sacamuelas -afirmó el anciano de negra gorra, al otro de barba blanca.

[Acabas de apagar la vela de un soplido. Sé complaciente: un intercambio de episodios vale un encuentro. Eso no se hace; si os habéis puesto juntitos, será al menos para saludarse, para traer a colación el pasado guerrero, las reyertas observadas, el derribo de muros de contención. Cada uno de vosotros posee un ámbito genuino, raramente compartido. Tus circunstancias nunca serán las mismas que las de tu vecino, tus vivencias son diferentes, tu mundo interior no coincidirá con el suyo, extraño sería que coincidieran. Por tanto, es conveniente, ya que estáis juntitos en el banco, intercambiar recuerdos, experiencias, situaciones de compromiso e insólitas, pero jamás entablar un debate violento. Yo aclamo a los ciudadanos de espíritu indomable, a los que captan el cariz de una sociedad conjuntada y ponen en evidencia las tretas de alguien. Viajamos en un navío al que no le vale el despilfarro, el abuso, el ilícito interés personal, la perversión moral, la prevaricación y cualesquiera desnaturalizaciones interesadas. El veneno social es la desigualdad, la injusticia, la falsedad. En política se hace necesario un nuevo estilo, personas que crean firmemente en ella, que tenga una convicción sincera, sin máscaras. De la recesión social salimos todos, pero con mayor aportación de los que atesoran capital. A ciertos estamentos no les gusta que se digan tales cosas, es como si se les pusiera el dedo en la llaga. De la historia, verdaderamente, sólo se pueden aportar bosquejos, interpretaciones que dependen del historiador. En el pasado, eran crónicas que favorecían al bando de quien las narraba, falseaban interesadamente la historia. El Gran Ojo no puede apreciar los detalles, ni los momentos decisivos, pero ocultos a la generalidad. El correcto sentido de la historia, siempre será un problema pendiente. Cuando hay mar de fondo, ¿quién lo capta, qué o quién genera el conflicto interior?].

-Ni magias ni cantilenas. Aquí todo es esfuerzo físico, humano, sin astucias que valgan -expresó Helena, dejando atrás a Dimas.

-Hoy nuestro país está más unido que nunca -expuso una anciana a la que la acompañaba en el banco.

[O debiera. Yo, sin embargo, observo demasiados conflictos, generados por la parcialidad en la interpretación. Esa ley que en el universo es la unidad de los contrarios, no se establece en nuestro planeta. A menudo, se defraudan las esperanzas del pueblo. Ahora que la clase trabajadora no nada en dinero, se requiere mayor atención hacia ella, y componer todo el desarreglo social. Siempre que el interés general esté por encima del particular (de un clan, grupo o clase), el país evolucionará bien. Mientras una injusta causa no gane gran apoyo... el correcto desarrollo, el perfecto avance se impondrá. Todo lo que se baraja son principios de equidad, de conciencia universal. La sociedad debe ser el verdadero templo que debe cuidar el Poder; la justicia social, la igualdad, la paz, la ecuanimidad son principios fundamentales. Hay que recuperar la posición perdida antes de la recesión. Mas jamás perder de vista al desocupado, a la familia que, debido al despido del miembro que trabajaba, ahora no tiene recursos. Si no es así, se pierde el verdadero rumbo, se desvía la mirada del verdadero problema, se comete una brutal injusticia. Ante esa defensa, no se debe vacilar. La sociedad está compuesta de familias y es a ella que debemos proteger].

-*La noche tantea nuestros rostros en la oscuridad. Alejémonos de su extraño propósito* -observó Helena.

(20)

Momento previo al ejercicio atlético

y vigésima salida.

"Las constantes vicisitudes, tribulaciones e interrogatorios en el convento desaniman, invitan a desistir de la lectura. Son necesarios para la comprensión de la novela, pero provocan desasosiego en el lector. Quizá Maturin quiso provocar tal efecto", dijo a sus adentros, Dimas.

-¡Oh soledades de florestas primitivas, inexploradas! Quisiera hollaros con donosura y mostraros las ampollas que se me han levantado en los pies a causa del roce -expuso Helena. Y agregó-. Nos espera un parque, un parque grato a nuestro espíritu, espacio que nos permite modelar nuestros cuerpos.

El parque de ningún modo se manifestaba a nuestra pareja; sólo era visible, abierto a la pujanza humana.

-No insistiré, mas hace tanto tiempo que voy dejándote atrás que... -declaró helena, alejándose corriendo de Dimas.

-El ejercicio excita la circulación de la sangre -afirmó un anciano, al que se sentaba junto a él.

[¡Dígamelo a mí, que ya no sé por dónde respirar! No dejo de correr y me estremezco sin motivo. Miro al suelo y veo mis zapatillas de gimnasia apurando centímetros, vencidas, sublevándose a mi disposición. Cuando corro, todo se me vuelve del revés (hasta parece que voy en dirección inversa). Para mí es una situación anómala, que sostiene continuamente un pro y un contra. Ya respiro con dificultad, los pies no pueden sostenerme más, me detengo y trato de respirar profundamente. No sé si tengo excitada la circulación, pero jadeo, sufro repentinos altibajos y deseo retirarme de la carrera. Pero si lo hago, ¿qué pensará de mí, ella? Celebrará, sin duda, una victoria apoteósica, y tal cosa no la puedo permitir. Soy hombre de palabra y nunca me desdiré. El sudor resbala por mi frente; la camiseta está empapada, por detrás. ¡Qué suplicio, qué sacrificio inhumano! Podría sufrir un ataque de nervios y así parar. No sé, el honor, la caballerosidad, el talante... ¡no puedo contravenir una norma impuesta por mí mismo! Que me inunde o que me anegue de sudor, no tiene la mayor importancia. Es necesario que cumpla, que me comporte, que nadie se percate de mi desorientación, de mi aflicción. Odio estar en un cuerpo, más que él. Una voz interior, me dicta: *"¡Pórtate bien, actúa con prudencia, no te tomes a pecho tu flaqueza"*. Por ti, si pudiera, iría a la montaña a derribar árboles. ¡Perdón!, ha sido un lapso. Los árboles son mis amigos, compañeros inseparables de toda mi vida, seres que me colman de fundamentos].

-*Me siento incómoda, corriendo. Son como momentos extraños de polvo y diablos* -comentó Helena, alejándose de su esposo.

-*Él batió la plusmarca, ayer* -afirmó un anciano a otro, sentado a su vera.

[Un atleta, seguramente. El crono es fundamental para medir el tiempo en que se ha realizado el esfuerzo. Uno corre y corre, con ansiedad, tratando de superarse, ajustando la respiración a los impulsos, a la aceleraciones y guardando fuerzas para el momento decisivo y final de la prueba. A veces, se requiere un esfuerzo sobrehumano para vencer a los contrincantes, esfuerzo que sólo pueden dar aquellos que poseen dotes singulares. Pensemos, ahora, en mí. Yo procuro correr lo más posible, pero lo entorpecen mis piernas; siento calambres y la hoja de ruta se va a pique. No es que yo sea un mal deportista, que no lo soy; es que entre el deporte y yo hay profundas desavenencias, estados intermitentes de desánimo, cálculos erróneos, desprendimientos de psique, fallas en las partes pudendas, consideración irracional del tiempo que falta para finalizar el recorrido, disentimiento con respecto a las horas adecuadas para realizar ejercicios físicos, la distracción que causa el entorno, la música que escuchas a través de los auriculares no siempre acompaña, y, por fin, llego al análisis de la situación final: que uno recobra el aliento con dificultad, en un rincón de la pista, antes de finalizar la prueba. Pensando en ello, paso las noches tan turbado que no logro conciliar el sueño, pese al cansancio. Usted me dirá: *"Quien juega con fuego se quema"*. ¡Y lo sé! No debiera meterme en la cabeza esa funesta exigencia de perder peso].

-Nada de zalamerías. Esfuérzate más y adelántame -exhortó Helena, dejando atrás a Dimas.

-¡Aparta de ti esas ideas! -exclamó un anciano, dirigiéndose a su compañero de banco.

[¿Qué ideas? Me hubiese gustado saber de qué ideas se trata, mas no puedo detenerme ni vacilar. El espíritu de lucha también pervive en la reducción de peso. Pero, ¿qué ideas son esas? ¿Son ideas que pueden llevarle a la ruina? ¿Son ideas tan embravecidas que a los océanos violentos les encantaría hacerlas suyas? ¿Son ideas que se difunden, de incógnito, para que triunfe el pánico? ¿Acaso son ideas que derriban símbolos de tradición y costumbre? ¿Son ideas, quizá, que ponen en peligro la velocidad del viento, el movimiento de las mareas, o que aturden la liberación en las explosiones volcánicas? Vivir constantemente con el alma en vilo, no es bueno. Yo deseo saber, enumerar vicios, desmanes y desenfrenos. Cuando me tiendo supino, y contemplo los tenues cirros, pienso, fríamente, que los intereses personales deben someterse a los de la colectividad, y quienes no lo hagan incumplen, y no sólo incumplen sino que... Unos acaban cumpliendo condena; otros, bien arreglados, desaparecen del terruño. ¡Toma! ¿Por qué será que siempre se cuela en mi pensamiento ese vistoso abejaruco político? Lo que manifiestas, ¿concuerda con los intereses del pueblo? ¿No? ¡Pues, hasta nunca!].

-La cabellera de la noche, oculta nuestros rostros. Ella no tiene dedos alargados como la aurora, pero su suspiro, su asomo es crucial. El hogar nos espera. El hogar, el amor, el placer, y la voluptuosidad -expuso Helena.

(21)

Momento previo al ejercicio atlético

y vigésimo primera salida.

"Siendo el género a la forma de terror uno de los más difíciles, se hace indispensable no agotar la paciencia del lector. La justa medida de las escenas, la nunca deseable repetición, la insistencia que descorazona, todo ello debe estar previsto antes de la redacción, para que el texto deleite, emocione, conmocione, pero sin atiborrar al lector", pensó Dimas, tras leer capítulos de la obra de marras.

-Extraños fulgores, vértigos inconcebibles, abismos donde declinan todas las esperanzas... -expresó Helena. Y añadió-. Suelta ese libro, confabulado con el infierno, y vayamos al grato parque donde depositamos nuestras inusitadas energías.

El parque resplandecía a esa hora. Los álamos blancos agitaban suavemente sus hojas, un temblor incontenible invadió gradualmente el cuerpo de Dimas. De repente, se fijó en un ángulo del parque, y su rostro se iluminó. Un teatro de guiñol, había reunido allí muchos niños.

-Ya parece como si tuviera alas en los pies -dijo Helena, dejando tras sí a Dimas.

-Esa cláusula accesoria, me da miedo -declaró un anciano a otro, sentado a su lado, en el banco.

[Lo peor son los anexos de letra diminuta, escritos ex profeso para esos ácaros que, para leerlos, no necesitan gafas. Uno entiende que puede haber cláusulas que adormezcan al lector, que le procuren un estado de gracia en el cual todo le da igual. ¡Bienvenida sea la sabiduría humana! Por haber, hubo cláusulas que provocaron repentino insomnio en el lector; otros, al leerlas, se desvanecieron de improviso, y los hay que, colocándose lentes de aumento, vieron en ellas resquicios, intersticios, oquedades por las que podría colarse un elefante. No es que sea enemigo de las cláusulas casi invisibles, no. El problema reside en la operación de lectura, en despejar los cascajos, en adaptarse a esa lectura microscópica. Uno al verlas, así, tan diminutas, inofensivas, inocuas, piensa que informan de buenas noticias, que todo va con viento en popa y a toda vela. Son caracteres tan imprecisos, tan tenues, tan borrosos que parece les falta el aliento, el impulso, la osadía. Pero no es así. De súbito, se convierten en cosa displicente, agigantada, atronadora, que no admite discusión. Todos los requisitos que consideraste, son ahora insuficientes. Una sentencia te conduce a la ruina. ¡Y siento lástima por ti! En esta cuestión que tratamos, acerca de los anexos con caracteres diminutos, no valen los puntos de vista (puesto que desde ningún punto de vista se podía leer aquel anexo)].

-Tengo confianza en el éxito de nuestro ejercicio atlético. Todo indica, que podré conducirme gozosamente a la playa -observó Helena, alejándose de su esposo.

-Abrirse paso a empujones -manifestó una anciana a otra, sentada a su lado.

[Abrirse paso a empujones, ¿quién lo diría? Debía ser un criminal, un forajido. La policía iba tras él, viendo cómo los transeúntes atropellados, se levantaban del suelo. Deben alcanzarlo, para así erradicar vicios y atrocidades. Un asesino suelto, que es perseguido sin descanso, puede convertirse en un ser macabro, deseoso de poner en práctica sus conocimientos y experiencia sanguinarias. ¿O será alguien que ha recién atendido a una mujer que acaba de sufrir un infarto de miocardio y busca con urgencia una ambulancia, un taxí, un coche particular, cuyo conductor se ofrezca a llevarlos de urgencia al hospital más cercano. Ese hombre, que se abre paso a empujones, es un médico; un médico que, por casualidad, pasaba junto a la mujer que sufrió el infarto. También pudiera ser un hombre que huye presto de la realidad, de la realidad conocida, de la realidad ocultada, de la omnímoda realidad que lo solivianta. ¡Huye, escapa presuroso! Tal vez contemple, más allá, un sol crepuscular, de purpúrea luz, que prevenga al hombre de su situación en el cosmos. Un sol disipador de dudas, comprensivo, conocedor de la indignación social. Ese sol purpúreo sólo agoniza cuando ha cumplido su propósito, cuando la opinión pública de cualquier rincón, ha comprendido el relieve de su asunto (ese sol conoce los intríngulis de algunos medios de comunicación y por eso se convierte en agente anunciador)].

-¿Es posible correr sin jadear? Aunque disfruto del suave viento... - expresó Helena, dejando atrás a Dimas.

-La filosofía es la generalización y resumen del conocimiento de la naturaleza y de la sociedad -expuso un anciano a otro, sentado a su lado, en el banco.

[Tanto de las cosas visibles como de las invisibles y ocultas. Hoy día, el caudal de lo invisible supera al de lo visible, por eso, la filosofía se ha actualizado, con apéndices que tratan acerca de la oscuridad, del falso reclamo, del subterfugio, de la impostura, de unos nuevos sofistas portadores de negras gafas, de los modernos instaladores del eufemismo, de los contemporáneos defensores de la realidad teosófica mundanal. No quiero entrar en detalles. Para mí, la moderna filosofía es ciencia muerta: le han sacado las entrañas y las han cocinado al horno. Sin embargo, estoy dispuesto a dar la vida por ella, por la filosofía que conocíamos de pequeñitos, por aquellos simpáticos -y abusivos- sistemas filosóficos que lo desmenuzaban todo. Por esta filosofía estoy dispuesto a combatir, a pelearme con la negrura, atacando el punto fuerte de su enemigo. ¿Qué sería yo sin esos rudimentos filosóficos que ella me proporcionó? Ella es mi tutora, la que me enseñó a pasear, combinando paseo y verbo, la que me abrió caminos de conocimiento insospechados, la que, conteniendo el aliento, fui asimilando -no cabalmente- en mis horas de asueto -que eran casi todas-, la que, una vez situado en la atalaya del conocimiento, me permitió gritar: *"¡Nunca más me daréis gato por liebre!"*. Confieso que con esa filosofía he vivido, y he vivido sonriente, satisfecho, entendiendo complejidades propias de un dios. Ahora me la pretenden cambiar y no estoy dispuesto a favorecer semejante tropelía. ¡Lucharé, vaya si lucharé! He comprado un martillo de guerra y una jabalina. A la jabalina le estoy afinando la punta, no sea que el pinchazo no surta efecto, es decir: que no derrame la sangre deseada del enemigo. ¡Estoy aquí! ¡Venid a mi, enemigos de la razón; os propinaré tal paliza que las andanzas de Don Quijote serán cosa de burla!].

-*Cada día aumenta nuestra ansiedad. Luchamos, nos esforzamos y espantosas imágenes nocturnas apremian nuestra perdición* -reveló Helena con un rostro encendido.

Momento previo al ejercicio atlético

y vigésimo segunda salida.

"Considero Melmoth el Errabundo, *una obra excelente, con un discurso propio de un autor magistral. Su dominio del lenguaje es superior al de los otros autores de terror gótico. Quizá, en el centro de la novela, esa cargazón de vicisitudes, tribulaciones, interrogatorios la deslucen un poco. Como dijo aquél: <Lo breve ,si bueno, dos veces bueno>"*, dijo para sí, Dimas.

-El poder de las palabras. Que ninguna palabra tuerza tu sacra visión espiritual. No lo permitas. La persuasión infernal es abominable -argumentó Helena y añadió-. *¡Suelta ese libro desconsolador y ebrio de locura, y sígueme al parque!*

El parque respiraba a sus anchas, con y sin nuestra presencia. No temblaba su faz; sólo estaba triste de noche, cuando nadie lo hollaba. Sin preocupaciones metafísicas, él respiraba y respiraba; no hacía más que respirar.

-Son las ocho y media. Mi sangre hierve y deseo correr sin parar -manifestó Helena, dejando tras sí a su esposo.

-Sí, nos aseguró que era un experto en humus -dijo un anciano barbudo al que tenía a su lado, en el banco.

[Pero, ¿para qué querías un experto en humus? ¿Pretendes arreglar alguna capa superficial del suelo, estropeada? ¿O generar un bosque con tus propias manos? No te fíes de nadie; hay mucho impostor suelto. Hay quien, por no tanto dinero, es capaz de convertirse en Satanás *(una vez operada la transfiguración, ya no le verás jamás).* Son zorros viejos, gente astuta que engaña a sus semejantes, siervos de las tinieblas sin paga ni señal. Algunos objetan que son factores imponderables. No sé. Pero desconfío de los que te machacan con palabrería. Una vez, vi un truhán que se agigantaba oyendo crescendos de música. Tal entusiasmo me tenía atolondrado. En realidad, no se crecía con la música, sino con lo que había arañado, arrancado, robado. Tardé en darme cuenta de ello *(los truhanes son gente desconfiada, amagan su ser espiritual, baten palmas por cualquier cosa, y se revisten de valor ante los insectos).* Mas yo, una vez le eché el ojo, fui tras él. Con ardides y viejos trucos, lo fui atrayendo. Al final, perdida toda su apostura, me confesó lo que verdadramente era: un truhán. Pidió clemencia. ¿Clemencia? *"En la cárcel arreglarán tu avería moral"*, le dije].

-*¡Socorredme, sirenas de los océanos! Ríos de sudor descienden por mi rostro* -expuso Helena, *alejándose de Dimas, el cual, tomando una servilleta de papel, secaba el sudor de su frente.*

-*Aquel vigoroso movimiento de la danza...* -comentó una anciana a otra, *sentada a su lado en el banco.*

[Seguramente, de un afamado danzarín de la Rusia, de la China o de Francia. Son tantos los pasos y movimientos de pies en el aire... En el escenario parecen volar, rotar; y ellas, caminar de puntillas hacia un lago de cisnes. Los focos la siguen, iluminan su blancura, su destreza, la feminidad de sus rasgos. De vez en cuando, la expresión gestual cobra importancia, aparece el conflicto, y con él la gravedad de los semblantes. Nosotros tenemos un danzarín que realiza cabriolas como nadie. Se mantiene pensil, y agita los pies, al tiempo que se come una manzana. La manzana se la entregó una tenebrosa bruja, con un atuendo echo jirones. Sus ojos, son faros del abismo, gloria de las tinieblas; incluso los fotones desvían su trayectoria para no colisionar con ellos. *"¡Hay que acabar con las brujas!"*, gritó la mujer de una aldea remota. Pero si las brujas sonríen por doquier; se topan con los niños y les regala caramelos, chocolate, todo tipo de golosinas. Si pierden la escoba, sufren lo inimaginable. Yo conocí una bruja que había perdido su escoba. Fue al vertedero y no la halló. Me dio lástima. Le dije: *"Estos no son tiempos agradables para las brujas. Se desconfía tanto de ellas, que hasta los niños se alejan de sus dulces llamadas, y ya no se pierden en los sombríos bosques. Yo podría hacer de ti una asombrosa recitadora. Te retiraría los harapos, te vestiría de rojo, te cortaría las uñas, y te enseñaría como engatusar al público con tu grave voz. Tu primera sílaba entonada, ascendería a regiones donde la quietud es norma, para descender luego y alojarse en los afinados oídos del público. Aquella 'alma región luciente' de los místicos, la hallarían acá, junto a ti. Imagina todos los ojos clavados*

en tu figura, observando tu rostro, tu boca, tu exquisita articulación de sonidos,
atrapando el verbo volandero, pleno de excelencia, de exquisitez, de sonoridad
divina. Desde ese mismo instante, ya no pertenecerías a la gran familia de las
brujas, sino a la de las gentiles declamadoras, mujeres altivas, excepcionales, y
alejadas de toda confitura. Yo sentiría tal pasión, tal arrobo viéndote declamar, que
me pasaría de la raya, llegando a una rara meta sin aliento. Serías mi diosa, desde
ese instante, diosa de mis noches y días, sin ambigüedades. Los cielos nunca serán
tan seductores sin tu jovial y canora presencia. Las variopintas aves, las tortugas de
mar, todos ellos recorrerían miles de leguas para oír tu declamación. Dime,
¿aceptas?"].

-Confiaba en mis piernas, pero... Yo sólo busco la prestancia, la armonía
de mi cuerpo -observó Helena, dejando atrás a Dimas.

-Se durmió a pierna suelta sin darme la fórmula -confesó un anciano a
otra, sentado a su lado en el banco.

[¿Acaso era un científico? Es que, cuando se duerme profundamente,
desaparecen los horizontes curvilíneos, las metáforas se llenan de ternura, los
corazones salen momentáneamente del cuerpo y palpan los troncos de los
árboles, los inviernos se van de vacaciones y los colores se vuelven más
decentes. El sueño nos hace cándidos, salvo cuando un vampiro nos persigue
y, de súbito, sentimos que tenemos alas y podemos volar. Aleteamos y
alzamos el vuelo con éxito. Y él, tras la ventana, se queda boquiabierto. Es
entonces cuando, verdaderamente, recorremos el mundo y el universo.

Volamos a nuestro antojo, sin preocuparnos de esos seres voraces que pululan en las tinieblas; volamos, despreocupados de las causas justas, sólo atentos a la luz, a la oscuridad, al frío, al calor, a las explosiones, a las implosiones, a las atracciones gravitatorias. Y en ese vuelo, nos hacemos dueños de la memoria errante, una memoria que vaga por el universo sin que nadie repare en ella. Volamos, al tiempo que vibra nuestro espíritu. *"Soy yo, Ahora sí que soy yo, sin cadenas, sin sometimiento, libre, dirigiendo mi vuelo cósmico hacia donde quiero, sin ataduras, sin imprecaciones. ¿Entiendes? So yo, el que no era antes del vuelo, otro bien diferente, el verdadero. ¡Qué bello es todo, qué incontenible mi fascinación".* El sueño es deseable y honroso, permite otrarme (ser otro, el verdadero). Lo malo es cuando uno muere en el ensueño: el sueño continúa, pero uno ya está muerto. Mas, tened presente, que ese sueño que continúa es un sueño feliz].

-Noche sibilina. Grata es tu negrura, tu plenitud, tu perfección. Esta noche dormiré pensando en ti, en tus inagotables maravillas -expuso Helena.

Badalona a 24/06/2013

*   *   *   *F I N*   *   *   *

www.ingramcontent.com/pod-product-compliance
Lightning Source LLC
Chambersburg PA
CBHW071155280526
45787CB00002B/509